子守唄と民話

石井正己　編

三弥井書店

Contents

子守唄と民話

第一部　子守唄と民話フォーラム

第二部 子守唄と民話に寄せて

＊唄と歌、子守唄と子守歌の表記は、執筆者の意図を汲んで統一していません。

第一部
子守唄と民話フォーラム

右から、石井正己、鈴木靖、西舘好子、小山内富子、畑﨑節子、野村敬子、金基英
（2011 年 12 月 3 日　新宿文化センターにて）

講演

母の歌・オモニの力

――柳田国男と姜尚中――

石井　正己

一　柳田国男と姜尚中の意外な共通性

『遠野物語』発刊一〇〇年のときから来年まで三カ年、柳田国男ゆかりの地である新宿区でフォーラムを実施しようと考えてまいりました。今日は、日韓の出会い、そして子守唄と民話の出会いを企画しました。特に子守唄と民話の出会いは、長年これを実現してみたいと考えていた悲願でしたから、それが今日叶うというのは本当にうれしいことです。そこで、まず初めに、入口となる前座を務めたいと思います。

演題は「母の歌・オモニの力」としました。オモニというのは韓国語で母のことですけれども、母の歌を聞いたり、母の力で育てられたり、そういった恩恵に浴してきた二人の人物を取り上げてみます。一人は柳田国男、もう一人は姜尚中《カンサンジュン》さんです。柳田国男は亡くなりましたけれども、姜尚中さんはメディアでも活躍していらっしゃる。まったく関係のなさそうな二人を並べてみることで、何が見えてくるのか考えてみました。

柳田国男は明治八年、一八七五年に生まれて、日本民俗学を確立した人間としてよく知られています。姜尚中さんは昭和二五年、一九五〇年に生まれ、政治学者として大活躍されている。二人の間には七五年という時の差がありますが、出会ったことはないと思いますが、二人の思想の原点に母とオモニを置いてみると、意外な共通性が見えてくるのではないかと考えています。

民俗や政治を考えるに当たって、学者が一番心の底に母という心のふるさとを抱えているということが、どういう意味を持つのか。その一端がお話しできれば、今日の子守唄と民話を考える入口になるのではないかと思います。そうした考察を通して、日本とか韓国とか、そういう国家や民族の違いを超えて、人間がどのようなあり方を示すのかという普遍的な問題を見つけようと考えているのです。

柳田国男は、昭和三四年（一九五九）に『故郷七十年』という本を出します。前半生を語った自叙伝ですけれども、その中で母・たけのことをしきりに語っています。口絵にはたくさんの写真が載っていて、父と母の写真もあります。単行本にしたときに、「母の思い出に―序にかえて―」という文章を寄せたほどですから、隠れた主題が母であったことは間違いありません。

一方、姜尚中さんは、平成二二年（二〇一〇）に、『母―オモニ―』という綺麗な本を出しています。お二人は『故郷七十年』あるいは『母―オモニ―』という本で、それぞれ母の思い出を語っているのです。男性がどういうときに母のことを語るかと言えば、そこに大切な問題があると思います。男性が母のことを語るというと、「まだ乳離れしないのか」とか、「マザコンじゃないか」とか、言われかねない（笑い）のですが、そう単純ではありません。

男性であるにしろ、女性であるにしろ、母から生まれてきたというのは間違いのない経験であり、父から生まれてきたということはありません。そこには、決定的な違いがあるはずです。そうした中で、母とどういう距離をとって生きるのか、父とどういう距離をとって生きるのかということは、誰にとっても精神的社会的な自立に関わる問題であるはずです。

今、高齢化社会を迎え、ある時期が来れば、老いてゆく父、老いてゆく母と向き合わざるを得なくなります。そして、やがて自分たちが老いてゆく男、老いてゆく女になるわけです。上野千鶴子流に言えば、誰もが「おひとりさま」になってゆくということになるのでしょうか。そういうことも世間では話題になっているわけです。

一方、話を最初に戻せば、この新宿区は、甲州街道の内藤新宿として発展した街です。硬いところでは東京都庁があり、柔らかいところでは歌舞伎町がある。そういう意味では、硬軟を織り交ぜたエネルギッシュな街であることは、誰もが認めるでしょう。それとともに、路地裏に入れば閑静な住宅街が広がっています。

江戸から東京に変わり、大正時代に関東大震災があり、昭和時代には東京大空襲があって、そのたびに東京という街は重心を次第に西へ動かしてきました。都庁が有楽町から新宿へ動いてきたというのは象徴的で、そうした歴史的変遷を経て、東京の中心地になってきたわけです。

今、新宿区の人口は二八万人ですけれども、それに加えて三万人の外国人登録者がありますので、一割以上が外国人になります。特に大久保周辺はコリアン・タウンとして知られ、この街が多国籍社会を形成していることは間違いありません。ある意味で日本の縮図と言ってもよいと思いますので、新宿という街は日本の未来を占う場所ではないかと思うのです。

そして、この街は、動と静、新しいものと古いものが微妙なバランスで共存してきたところがあります。日韓が出会い、新たな未来を考えてゆく上で、これほどふさわしい街は他にないと考えました。柳田国男と姜尚中というような組み合わせは、今日のような機会がなければ絶対にテーマ化しないことのように思います。

二　柳田国男が見た母と手毬歌

柳田国男は、明治八年に生まれて、昭和三七年（一九六二）に亡くなります。来年で没後五〇年です。兵庫県の姫路から山へ入りました福崎《ふくさき》町の辻川《つじかわ》で生まれ、数え一三歳のときに、茨城県の布川《ふかわ》に移ります。その後、明治三四年（一九〇一）に柳田家に養嗣子として入籍しましたが、それが二七歳の時です。昭和二年（一九二七）に世田谷区に転居するまで、二六年間をこの新宿区で過ごしたことになります。

民俗学の確立というと世田谷区が大事な拠点になるわけですけれども、エリート官僚として、そして国際連盟委任統治委員として、さらには新聞人として活躍しながら、一方で民俗学という学問をたくましく立ち上げようとしたのが新宿区の時代です。言わば二足の草鞋《わらじ》を履いていた時期と言えましょう。

やがて二足の草鞋の私的な部分が民俗学という学問の確立として認められ、昭和二六年（一九五一）には文化勲章を受ける栄誉に浴します。翌年には故郷に帰って、小学校と高等学校で講演をしています。故郷の小学生には、「学問と技術を身に付けて平和に生きられる人になりなさい」というメッセージを残しています。

柳田は自分の生家を「日本一小さい家」と呼びましたが、この家族はその家を手放して故郷を離れたのです。そして松岡鼎《かなえ》は医者になる。井上通泰《みちやす》は医者であり、歌人・学者でした。弟の松岡静雄《しずお》は軍人であり、学者でした。先般生誕一三〇年記念巡回展が行われた松岡映丘《えいきゅう》は画家であり、大学の先生でした。兄弟は東京に出て、見事な立身出世を遂げたのです。

『故郷七十年』は、故郷を離れてから七〇年経ったという意味で命名したものです。その際、「起筆の言葉」で、「幼い日の私の記憶と、私をめぐる周囲の動き」を語りたくて仕方がなかったとしています。家族を中核にした故郷の思い出を事細かに語ってやみません。そうした故郷の一番根っこにあるのが母だったと思われるのです。

父・操は本ばかり見ている人でした。学者であるけれども、世間知らずで、神経衰弱になるような人でした。それに対して母は、非常にたくましく、しっかりした人でした。柳田は体が弱くていたずらで、小生意気な少年でしたが、そんな母の腰巾着で、いつも傍にいて、母がつぶやく独り言の聞き役を果たしていたのです。

母が子どもに面と向かって言わなくても、子どもは母がふともらす溜め息や、思わずこぼす涙に敏感で、そうした経験を通して生き方を教えられるのだと思います。柳田はそういう経験をしてきたのでしょう。どちらかと言えば、周囲が母の気難しさについて冷たい評価をするのに対し、熱心に擁護しているところが見られます。

ただし、母は非常にきつい人だったので、長男の鼎が結婚すると嫁姑の争いが絶えず、兄嫁は家を出てしまいます。二番目の兄嫁も出てしまって、宮崎修二朗が『柳田国男　その原郷』で、実家に戻れずに入水してしまったということを突き止めています。柳田自身はそこまで言いませんでしたが、暗い思い出もあったようです。

酒におぼれた鼎をなんとかしなきゃいけないというので、東大別科に入れて医者にするわけです。彼が住んだのが茨城県の布川で、そこに柳田は引き取られたのです。兄の悲劇を見たとき、私の家は「日本一小さい家」だと思い、そこから民俗学への志が生まれたと述べています。民俗学というのは人を幸せにする学問でなければいけない、という経世済民の思想が柳田国男の原点にあるのは、そのためだと考えられます。

一方、そういう側面も持ちながら、母には大変な長所があったというのです。母は兄弟五人を育て上げて世に出すのに一生懸命であり、それは母の力によるものだったと考えています。その気疲れによってかなり早く年を取り、一時ヒステリー気味になった。子どもは母の姿を見ているんですね。

母の長所としては、隣近所の夫婦喧嘩の仲裁が見事で、特殊な才能を持っていたそうです。夫と喧嘩をして、母のところに泣いて訴えてきた細君をなだめすかして、ついには笑って返す技術を持っていて、その腕前は大したものであったと述べます。かつては夫婦喧嘩が多かったが、それでも別れずに生きていくことがあったのです。

ところが、夫婦喧嘩が少なくなると次第に陰性にこもりがちになり、二人とも物も言わなくなり、亭主は夜遅く帰ってくるようになる。現在起こっているような家庭内暴力、DVみたいな問題もそうした延長で出てくるのかもしれません。かつての夫婦喧嘩は、家の外に出て、道で聴衆に自分の正当性を訴えるものでした。私は東京下町で育ったので、何となく隣近所の生活状態は感じられて、確かにそういう雰囲気があったなと感じます。

母が夫婦喧嘩の仲裁をする物の言い方、豊富な語彙はまったくすばらしかったそうです。ところが、柳田国男が布川に移った二年後の明治二二年（一八八九）に、家族全員がやってくるわけです。母は故郷を離れてやってきたけれども、隣近所の人とは交際も浅く、言葉もよく通じないので、したくても、そういう仲裁ができない。

これはとても重要な問題です。現在も高齢化社会の中で、「呼び寄せ高齢者」という問題があります。両親が年を取って、息子や娘が自分の家に呼び寄せるけれども、共同体から離れたお年寄りは仲間を失って、急に老けてしまう。今、三陸海岸の被災地で、いったん村を離れた人々が故郷に戻っているのも、同じような背景があるはずです。

柳田国男の抱えた問題は決して古びていません。子どもたちが立身出世したために、この家族はいち早くこの問題に突き当たってしまったのです。引っ越してから七年後の明治二九年（一八九六）七月に母が亡くなり、生活力のない父も二カ月後に亡くなってしまいます。柳田国男二二歳の時です。彼は成人するかしないかのうちに両親を失ってしまったので、両親に対する思いは強かったようです。

昭和二〇年（一九四五）に『村と学童』に収録した「母の手毬歌」の中で、五〇年も前に亡くなった母のことを思い出し、「どちらかというと女らしい所の少ない人であったが、それで居て不思議に手毬だけを無上に愛して居た」と述べます。母はどちらかと言えば女性的ではなく、別に政治的でもあったとも言っています。それに対して、父はどちらかというと女性的であったように思います。

男性的な母でありながら、不思議なことに、手毬歌に対する無上の愛着があったというのです。手毬歌は女性的なものなのに、ちょっと意外だったのかもしれません。男の子ばかりを育てた母でしたが、玩具箱《おもちゃばこ》にはいつも二つ三つ手毬があって、上手に遊んで見せてくれたそうです。当時の手毬はつき手毬じゃなくて、あげ手毬です。

柳田は母の腰巾着でしたから、手毬の技は身に着けられなかったけれども、手毬歌は今でも覚えているというのです。それは村の女の子たちのものとも違っているので、手毬歌を覚えたころに、自分が知らない母の娘時代があったのではないかと想像しています。母の持つ意外な一面を発見したのだと思います。

三　姜尚中が見たオモニと茶摘歌

では、もう一方の姜尚中さんはどうでしょうか。在日一世のご両親の元で、在日二世として熊本県に生まれ育ちます。ご存じのとおり、早稲田大学で政治学を学んで、そのあとで自分の祖国と言っていいと思いますが、韓国に行く。そのことは平成一六年（二〇〇四）の『在日』という本の中に出てきます。『在日』というタイトルの本ですが、韓国に行くことで、言わば自分探しをするわけです。

そこで、在日の問題、祖国の問題を自覚しはじめるのです。ちょうど大学生のころです。まさに柳田国男が両親と死に別れた年代に、姜尚中さんは自分探し、祖国探しをしているのです。それは、柳田が執着した故郷と対比できるものでしょう。その結果、彼が取った選択は、日本名の「永野鉄男」を捨てて、「姜尚中」という本名を名乗ることだったわけです。

私自身にも思い出があります、子どものときにはわかりませんでしたけれども、遡ってみれば四〇数年前、小学生のときに、友だちの名前が変わったということを担任の先生から聞きました。なぜなのかということはよくわかりませんでしたし、家でその話題を出すこともありませんでした。今になってみれば、それは日本名を名乗ってきた友だちが本名を名乗るということだったはずです。まさに一九六〇年代の終わりで、姜さんだけでなく、在日の人々が緩やかに動く時代を迎えていたのだと思います。

それにしても、在日というのは、彼の本によれば、「日本人に限りなく近く、しかし「非日本人」にとどまるという微妙な距離感が作られている」という立場です。境界的というような便利な言葉では言い尽くせない立場であると思います。そういう目から見ると、日本人に共通しているのは、「日本や日本国籍者などにまつわる自明性への素朴なもたれかかりである」という批判が出てきます。確かにその通りで、そういう疑問さえ持たずに私どもは生きてきています。

日本人を自覚するというのは、オリンピックのような国際競技があったり、海外旅行に行ったり、何かがない限りはあまり持ちませんね。しかし、国際化の急速な進展で、誰もが日本人とは何かを考えざるをえなくなってきていることは間違いありません。自明性に「もたれかかり」つづけるような生き方ができないことは、もはや明らかでしょう。

そうした中で、かつて日本人は安定した豊かな暮らしをしてきましたが、その仕組みや生活意識が変わりつつあります。社会的なセーフティー・ネットがいろいろなところでほころびを見せはじめています。彼の言葉を借りると、日本国民の「在日化」と言えるような現象が起こってきているんじゃないかということになります。

社会的なセーフティー・ネットというのは、かつては民俗の中にあり、家族や地域が支え合ってきました。ところが、そのつながりがほころび緩んでしまい、その隙間を埋めなければならなくなった。福祉や介護はもちろん、すでに死者を見送るための「おくりびと」（納棺夫）が必要です。そして、孤独死のあとには、「遺品整理業者」が隙間産業として入り込んでくる。そういう現実が私どもの目の前に起こっているわけです。

姜尚中さんは母、オモニのことに触れて、民族や祖国を自覚するわけです。下関のおばさんが毎年家にやってくるのですが、彼女はムーダンと呼ばれるシャーマンでした。ドラや太鼓に合わせて、ムーダンが踊り出すと母も踊り出し、トランス（恍惚）状態になり、厄除けと禍福を占う言葉を発しながら家中を徘徊《はいかい》するのです。姜尚中さんが見たのは女性たちの行う民俗的な儀礼で、男性である彼にはなかなか理解できなかったのだろうと思います。

友だちからは、「鉄男くんの家は変じゃなかね」と言われたそうです。姜尚中は、「ただその数日間の儀式が早く終わることを願うだけだった」と述べています。ところが、成人してから、近くの水源地のある祠《ほこら》に行ったら、自分の名前と兄の名前が彫り込まれていた。それを知って母の愛情の深さを改めて知り、「反発」から「共感」に変わったと書いています。

実は、私が三〇年ほど前に東北地方に初めて行ったきっかけは、オカミサマと呼ばれる口寄せをする盲目の女性でした。口寄せを見せてもらいましたが、やってきたのは全部女性です。亡くなった旦那さんの霊を降ろして、「あのときつらい思いをした。看病してくれてありがとう。こういう日が心配だから気をつけるように」と語る声を聞いて、女性たちは涙で手拭がグショグショでしたね。この時、泣くことの大切さが初めてわかりました。

しかし、終わってから下へ戻って、「お茶にしよう」となったら、五分前にワンワン泣いていた女性たちがケラケラ笑ってるんですよね。これはショックでした（笑い）。三陸海岸の被災地には口寄せをする人がいますが、海難事故や津波で亡くなった人たちの死をどのように受け止めるかというときに、女性たちの力は確かに大きかったと思います。それは決して迷信にすぎないと排除できるものではないと思います。

『母―オモニ―』という本の冒頭は、平成一七年（二〇〇五）に亡くなった母の死から、その人生を回顧しています。母について姜さんは、「すべてのものを弾き飛ばすほどの激しい感情を露わにした母。そしてまるで幼子のように陶然として「茶摘」の歌を涙声で歌っていた母」と紹介しています。母が鼻歌交じりで歌ったのは、「夏も近づく八十八夜」という『尋常小学唱歌』に採られた歌だったのです。

四　母のつぶやく歌を聞くことの意味

もう時間ですので、まとめていかなければいけません。この『母―オモニ―』という本には、基調になるメロディーのようにして、たびたび茶摘歌が出てきます。そして、「哀しい時も、楽しい時も、母の口から漏れる吐息のようなあの歌。それは、また母の祈りの歌だったのかもしれない」と述べます。歌はまさに吐息なんですね。それをやっぱり子どもたちは感じ取って、そこから家族を知り、社会を知り、人生を知ってゆくのだろうと思います。

柳田国男が母の歌う手毬歌を聞いたように、姜尚中さんはオモニが歌う茶摘歌を聞いたのです。時代は違っても、息子たちはそうした歌声を聞いて、母やオモニの微妙な思いを受け止めたのだろうと思います。日本と韓国、明治と昭和、民俗学と政治学といった違いを超えて、お二人の語る意味は重いと感じます。

姜尚中さんに会う機会があれば、ぜひ聞いてみたいと思いますけれど、私は、彼も母の腰巾着だったにちがいないと推定しています。鼻歌というのは、なんとなく気分のいいときに、誰が聞くともなく声に出して歌う歌です。心のつぶやきです。そこには、人間の感情の無意識の思いが出てくるのではないか。おそらく歌の原点というのはそうしたところにあるにちがいありません。

子どもというのは、実は、こういうところに大変敏感なのだと思います。そうした微妙な心の揺らぎを感じ取ることを通して、そこから人生の哀歓を知り、自分の生き方を考えてゆくのではないか。そうした問題というのは、日本人であるとか、韓国人であるとかということを遥かに超えているはずです。

柳田国男は、そうした原体験から「女の力」というのを非常に重視した人で、昭和七年（一九三二）の『女性と民間伝承』や昭和一五年（一九四〇）の『妹の力』といった本を残しています。また、女の会から発展した女性民俗研究会が育って、民俗学全体が疲弊している中で、『女性と経験』を刊行しつづけ、とても元気です。

では、姜尚中さんは、彼の国際政治学の中に、このオモニの問題というのをどう位置づけているのか。私には、まだそのつながりが見えてきていないように感じますが、いかがでしょう。それは、彼自身にとっても重要であるだけでなく、私どもが国際化社会の未来を考える上で、とても大切なことではないかと感じています。

柳田国男は、故郷には身寄りがないにもかかわらず、そこに非常な懐かしさを感じ、民俗学を考えるための定点観測の場所にしてきました。柳田には「第二の故郷」という言い方がありますが、東京は第二の故郷だったわけです。民俗学は「第二の故郷」をつくるために働かねばなりませんでしたが、そうはなりませんでした。民俗学が力を失っている原因は、そうしたところにあるはずです。

一方、姜さんにとっての故郷はどうでしょう。故国は微妙な場所です。親たちには故郷でありながら、在日二世として、自分の故郷としてはちょっと距離があります。故郷というのはどこにあるのかという問題に直面します。しかし、急速な集権化や国際化が進む中で、こうした微妙さは在日だけの問題ではなくなっているように思います。

この東京という場所は、多くの人々が地方出身者またはその子孫の寄り集まりでできた坩堝《るつぼ》です。今も進学や労働、結婚でやってきて、そのまま住み着き、雑居しています。柳田がしきりに尋ねたのは、「あなたのお国はどこですか」ということでしたが、この問いかけに答えようとすると、とまどう人が多いでしょう。

また、一方では、ＮＨＫが報道したように、高度な「無縁社会」を形成していることも確かです。血縁や地縁の束縛から解放され、無縁ということに憧れてやってきた人たちもたくさんいるはずです。ほんとうに地方がいいのなら、故郷に帰ってもいいのに、多くの人が帰らない現実を直視すべきです。震災後に「絆」が取りざたされる背景には根深い問題があるはずです。

今、地方に限らず、どこでも地域おこしが盛んです。東京には地域おこしはないかと思っていましたが、震災を契機に地域の見直しがずいぶん始まっています。私が住んでいる西東京市もそうです。古くからの住人と新しい住人との出会いの場を作って、新たな地域アイデンティティーができるのかどうか。今、その岐路に立っています。

そのときの原点になるのは、やはり家族ではないかと思うのです。私は、家族や地域を結び合わせる心と言葉の原点に、この子守唄と民話を置いてみたいと考えてきました。このことは今日の後半のシンポジウムで議論したいと思います。時間が過ぎましたので、前座はここまでにします。ご静聴ありがとうございました（拍手）。

【参考文献】
・上野千鶴子『おひとりさまの老後』法研、二〇〇七年。
・ＮＨＫ「無縁社会プロジェクト」取材班編著『無縁社会』文芸春秋、二〇一〇年。
・姜尚中『在日』講談社、二〇〇四年。
・姜尚中『母―オモニ―』集英社、二〇一〇年。

・宮崎修二朗『柳田国男　その原郷』朝日新聞社、一九七八年。
・柳田国男『村と学童』朝日新聞社、一九四五年。
・柳田国男『故郷七十年』のじぎく文庫、一九五九年。

歌と語り

福崎の子守唄と民話

畑崎　節子

一　祖母が歌ってくれた子守唄

柳田国男のふるさと福崎《ふくさき》町は、昭和三一年に田原《たわら》村、八千種《やちぐさ》村、福崎町が合併して発足し、今年町制五五周年を迎えました。姫路市から約一七キロメートル、周りを山で囲まれ、真ん中を北から南へ市川の清流が流れ、東西に中国自動車道が通っている、豊かで調和のとれた町です。「村は、住む人々のほんのわずかな気持ちから、美しくもなりまずくもなるものだ」という柳田国男先生の言葉を大切にされている町長の提唱で、活気あふれる風格のある住みよい町づくりを目指しています。

辻川には、歴史民俗資料館、柳田国男・松岡家記念館、幼少のときに預けられた大庄屋三木家住宅、鈴が森神社、そして町内には由緒ある古いお寺やお宮の数々、伝説のある七種《なぐさ》の滝など、そういうものもあります。そして、紫の穂をつける餅麦から作られる餅麦麺、餅麦パスタなどが、今、全国的に知られるようになってまいりました。

子守唄ということなんですが、福崎町の古い昔に歌われた子守唄を一つ探してきました。もう今は亡くなられた方が書き残してくださっていたものです。ちょっと上手ではないんですけど、子守唄ですから歌ってみます。

♪ねんねこさんねこさかやのこ　さかやが厭なら嫁入りせぇ
嫁入り道具に何もたそ　箪笥《たんす》長持はさみ箱
これほどもたせてやるからにゃ　二度と帰ろと思うなよ
父さん母さん貪欲な　西が曇れば雨となる　東が曇れば風となる
千石積んだ船でさえ　風が変われば帰ります　ね

んねんよねんねんよ

私は父も母も本当に小さいときに亡くなりまして、祖母に育てられました。ここで子守唄をと言われまして、私は子守唄なんか歌ってもろたことないな、そう思ったんですけど、ふっと思い出してみると、お祖母ちゃんが、終戦直後のラジオもテレビもない時分でしたから、お風呂からあがったら、すぐにお布団を敷いて、寝転がって、まぁちょっとした話を聞いたりするのが楽しみでした。

そのときに、夏には青い蚊帳《かや》を吊《つ》って、冬にはバンコと呼ばれる土で作った炬燵《こたつ》を入れて、お布団のなかで、それを私に歌ってくれるともなく、自分がただ歌いたいから歌っているというような歌だったんです。これは子守唄と言えるかどうかわからないんですが、私にとったら、これが思い出の子守唄だったんかなと思うようなものを歌ってみます。

♪一番初めは一の宮
二は日光東照宮
三は讃岐の金比羅さん
四は信濃の善光寺
五つ出雲の大社
六つ向こうなるお地蔵さん
七つ成田の不動さん
八つ八幡の八幡さん
九つ高野の弘法寺
十はところの氏神さん
氏神さんに願かけて
浪子の病気が治るよう
ゴーゴーゴーいう汽車は
浪子と武男の別れ汽車
浪子は白いハンカチを
うち振りながらねえあなた

と、こういう調子でいつか『不如帰《ほととぎす》』に変わっているわけです。

私の祖母は長らく横浜で住んでおりましたので、大体その時分の、外出した時に楽しかった記憶とか、そういうものがまぜこじゃになっていると思うんですね。そういうのもありましたし、まあ孫に聞かしてこれはええと思うような「二宮金次郎」とか、

♪大黒様はだれでしょう
大国主命です
国を拓いて世の人を
助けなされた神様よ

というようなのもありました。

　まあ、姫路城に伝わる、大事なお皿をお菊さんが一枚なくしまして、それは、ちょっと妬んだ人が一枚隠してたんですけれども、その大事なお皿を一枚なくしたがために、お菊さんは井戸へ身を投げてなくなってしまうんです。それを子守唄代わりに歌われた時には、子ども心に、「七枚、八枚……」って言われると、もう一枚足りなくなるのがわかっておりますので、「もう、やめて」というようなことを言った経験があります。まぁ、そういうことはよく覚えているんですね。

　自分の若かったころの、楽しかった『金色夜叉』とか、そういうのもありましたし、そういうのも踏まえて、何が子守唄だったんかなと思うときに、決して教育上は良くないようなものでも、お祖母ちゃんの生の声を通して、私に響いてきた。その響きとか温かさとかいうようなものが七〇を過ぎた今も、頭の中の脳みその中のどこかにちゃんとあって、思い出そうと思ったら、ずーっと次々に浮かんできた。ああこれが子守唄やったんやなと、もう子育ても済んで孫育ても済んだ時分に、やっと気がついたようなことです。

　私は共働きで、一所懸命働いて、四人の子どもを大きしましたから、夕方には一人を背負って一人を抱いていましたが、ちょっとでも寝かしつけて何かをしようということで、後ろと前とに子どもが二人おりまして、歌った歌は、「てんてん手んまり　てん手まり　てんてん手まりの手がそれて」、それもゆーっくり歌ってやったら子どもは寝よったんですね。それから、孫にもそういうのは歌ってやりました。まあそういうことで、私は何か子守唄らしからぬ子守唄を子守唄のように歌っておりました。

二　「河童の恩返し」

　福崎の民話を語ります。まずはじめは河童の話です。河童は地方によっていろいろ呼び名があるようですが、福崎の方では「カワタロウ」とか、「ガタロ」とか呼ばれておりました。

　むかーしのことや、深い川の傍に、こぉまい（小さい）里があった。その里に薬草売っとう家が一軒あったんや。ある日の夕暮れ時に、その店に一人の男の子が入ってきてな。主《あるじ》に、
「お母《かあ》が腹痛の病で困っとる。どないぞ薬を飲ましてやりたいさかい、ぜっぺ（少し）薬をわけてくれ」
と言うのや。ところが、その子ぉは、
「薬代を払う金はない」
と言う。よう聞いてみたら、

「自分は人間とちゃうんや。ほんまはガタロの子ぉで、『お母《かあ》の腹痛の病には人間の薬がよう効く』いうて聞いたさけ、どないぞ飲ましてやりたい。人間は重い病気にかかったときに、『ガタロの骨がよう効く』いうて、ガタロの骨が売り買いされとういうことやさけ、金の代わりにこのわしの片腕抜いて渡す。この片腕で、お母《かあ》の病に効く薬を分けてくれ」

と頼むんや。頭下げて頼みこまれた主は、その子ぉの一途な親孝行に感心してな、

「よしよし、お前の腕はいらんど、これ持って帰って、早よお母に飲ましてやれ。また何どでお前に返してもらうこともあるやろ。早よ持って帰れ」

そない言うて、薬持って帰らした。この辺りの里はな、ちーっと風が吹いたら、よう火事が起きて、大きな火になることがあったんやけど、それからこっち、火事が起きんようになった。

風の強いある晩のことやった。主が用事済まして、晩遅うに帰ってきよったら、ふと見たら、二匹のガタロが、焚き火したあとやら、里の家の灰おきで火ぃのいこっとぉとこ（灰置きで火が起こっているところ）へ、せっせと水運んで消し回りよった。おおきに、おおきに。

それからこっち、この里は、大きな火事は起きなんだそうや。なんとなあ（拍手）。

三　「尾先白右衛門」

むかし、田尻の辻川《つじかわ》というとこに、尾先白右衛門《おのさきしろえもん》というお尻尾の先が白い狐《けつね》が住んどったそうや。昼間はアリガネヤの東に広がっとる広い竹藪のなかに住んどって、晩になったらねぐら離れて、よう村の人を騙《だま》しよった。この竹藪の近くに住んどるこうたろはんは、代々百姓と桶屋をしとる働き者で、村の人からは「桶屋のこうやん」と呼ばれとった。

ある日、桶屋のこうやんは法事があってな、大貫で博労しとう嫁はんの出処《でしょう》へ呼ばれていったんや。そこでお経さんがあがったあと、えらいようけ御馳走《ごっつぉう》になって　帰りはまあ、晩遅うなってしもたんやけど、お月さんが明るいこっちゃさかいに、提灯《ちょうちん》も持たんとええ機嫌で帰ってきよった。なんぼほど経ってやろか、ふっと気がついたら、もうええ加減に家へ着いてもええ時分やのに、ちぃっとも家が見えてもきえへなんだ。

なんどや、これ、ひょっとしてあいつに騙されとんのちゃうか、そない思うた桶屋のこうやんは、道のへりにあった大きな石に、ゆーっくりとへたって（座って）、懐から煙管《キセル》取り出して、狐の嫌いな煙草《たばこ》に火ぃつけた。それで一服するや、何や目の前にモヤモヤ立

ち込めとったもんがすうっと消えて、行く手がはっきり見えてきたそうや。

　そこでこうやんは、やっぱり、あのガキに騙されとったんかと、気がついて、ほんならあの狐、どこからわしにまじないかけて、ちょこざいな（生意気な）真似しくさったんかと、ほうぼう探してみたら、なんのこっちゃない、辻川山のてっぺんに、こっちゃ向いて尾先白右衛門が座っとった。ばれとう（気づかれている）とも知らんと、太いお尻尾を右へ左へと、ゆっくり振っとった。まあ、そのたんびに桶屋のこうやんは、あっちゃ行ったりこっちゃ行ったりして、いつまでたっても我が家《ぇ》ぇへ戻れなんだというこっちゃ。なんとなあ（拍手）。

四　「七草の種の話」

おしまいに「七草の種の話」をします。ここに出てくる七種山、七種の滝は今でもきれいな水量のある滝です。

　それはなあ、ずうっと昔のことや。細長い谷と森とが続いとうそのずーっと奥に、草深い村があった。みんなが仲良う暮らしとったんやけど、この秋は、みんなが天を仰いではそわそわして、二人三人寄ってひそひそ話しては、天を仰ぎしとった。

「こないに日照りばっかりが続いて雨が降らなんだら、何もかも枯れてしもて、もう食べるもんがあらへん。えらいこっちゃ。それどこか、来年、播く種もあらへんで。どないど（なんとかして）雨が降ってくれへんやろか」

　そない言うて百姓は、空を仰いでは手ぇ合わしとった。

　秋もしまい時分になって、そこらのもみじがちぃっと赤《あ》こなる時分に、一人の百姓が山へ柴刈りに行ったんや。ほな、どこからか音が聞こえてくるんや。あれは、何の音やろ。ザーッザーッザーッ。音はこまい（小さい）んやけど、確かに遠いとこからか聞こえてくる。百姓はその音を頼りに、どんどん奥へ入って行った。

　ほんなら、だんだん音も大きいなってきた。ザーッザーッザーッ。ありゃあ、これはこれは。そこには水しぶきをあげて流れとう滝があった。音はこの滝の音やったんや。下には滝壺があってな、まあほんまに（本当に）手ぇの切れるような冷たい水がいっぱいあふれとった。百姓はその水を手ぇですくうて飲んだ飲んだ。なんとおいしい水やった。そやけど百日余りも雨が降っとうへんいうのに、この滝の水はどこから来るんや。不思議に思うた百姓は、その滝のそばをどんどん上って行った。

　せやけど、行っても行っても滝のもとにはたどりつけへん。どのぐらい経ったんか、やっとのことで四方からちょろちょろ水が寄ってくるとこへたどり着いた。そのときや、

「お前は、どっから来たんや」

　それは人間の声や。百姓はびっくり仰天。ひえぇーっと後より（後ずさり）したら、

「いや、逃げんでもええ。わしはこの谷川におる仙人じゃ。聞くところによると、この下の村では、雨が降らんので水がのうて、レンゲ、タンポポどころか、米の種も取れなんだそうじゃのう」

「は、はい」

　百姓がやっとのことで顔をあげて見たら、そこには白い髭《ひげ》ぼうぼうの仙人の姿があった。

「米も大豆も小豆《あずき》も、来年作る種もなんにもありません」

「取れなんだんか、かわいそうに」

　そない言うと仙人は、近くの大きな木ぃの根元を掘って、何やら白い袋を取り出してきた。

「そら、これ持って帰れ。この中に種が入っとる」

　そない言うて、その袋を百姓に持たしてくれた。

「へえ、ありがとうございます」

　礼を言うて顔をあげたら、もうそこに仙人の姿はあらへなんだ。百姓は喜び勇んで村へ帰ってきた。

「みんな来てくれ、来てくれ。種や種や、種もろてきたど」

　みんなしてその袋の中を開けて見たら、中からは、なんと春と秋に播く、米、麦、大豆、小豆、ひえ、あわ、きび、という七種類の種が入っとった。間もなく雨も降ってな、百姓らは大喜びで、その種を田んぼや畑に播いたんや。不思議なことやけど、その袋の中からは、取っても取っても種が出てきてな、お陰であくる年は豊作やったそうや。それからのち、この村のことを七つの種と書いて、「なぐさむら」と呼ぶようになったそうや。

　七種山、七種の滝、そこから流れる七種川。福崎の古い高岡の里の話や（拍手）。


　ありがとうございました（拍手）。

歌と語り

韓国の子守唄と民話

金　基英

一　祖母が妹に歌っていた子守唄

アンニョンハセヨ（안녕하세요）（会場から応答）。もっと大きい声で、アンニョンハセヨ（안녕하세요）。

語りをやるときはあまり緊張しないんですけど、今日は子守唄を歌わなくちゃいけないというのがありましたので、少々緊張しています。

日本に来て、抱っこ紐はいっぱい見ましたけども、韓国では、おもに子どもを寝かせるときは、抱っこしてるよりは、おぶって寝かせる方が多かったんですね。それで、おんぶするときには紐じゃなくて、布団なんです。例えば、エプロンみたいな、前掛けみたいな感じで、四角いのに紐が付いているんです。チマチョゴリのチマも同じような形なんですけども、そういうので子どもをおんぶして、その布団の紐を、もう一回後ろで、ちょうど子どものお尻の辺りにその紐が来るような感じで巻いて縛るんです。そうしたら、お母さんが手を放しても、子どもは安定しているし、布団で隠しているから、子どもの体が動くこともなく、冬寒いので、母もあったかいし、子どももあったかい。

いつも寝かせるときはそのまま、「チャジャン チャジャン チャジャン チャジャン」っていうんですけど。それが、「ねんねぇ」っていう、日本語でいえば、まぁそういうふうになっているんです。普通、日本のお母さんが言うときは、あんまりメロディーがないと思うんですけど、韓国の人は、メロディーがあるんです。だから「チャジャン チャジャン チャジャン チャジャン チャージャーン チャジャン」って言いながら、急にその子どもにメロディーをつけて歌ったり。

あとおばあちゃんたちだと、子どもをおんぶをしたときに、自分の体を揺らしながら、「トゥンドゥン

ディ トゥンソナ ナラガヌン ハッソンア（둥둥디 둥선아 날아가는 학선아）……」て。「トゥンドゥン」って言うのは、ゆぅらりゆらりと、浮くような感じです。子どもが静かにそうやって、ゆぅらりしてて、寝てって。「ナラガヌン ハッソンア（날아가는 학선아）……」ってのは飛んでいく鶴とか、そういうのを考えます。その歌の中に入っているのが、

♪ナラエヌン チュンソンドンア ブモエゲ ヒョジャドンア トゥンドゥンディ トゥンソナ ヒョンジェガンエ ウエジョコ トゥンドゥンディトゥンソナ（나라에는 충성동아 부모에게 효자동아 둥둥디 둥선아 형제간에 우애좋고 둥둥디 둥선아）

これは、他のところで、みなさんがそういうふうに歌っているとは限らないんですけども、私自身は自分のお祖母ちゃん。私が赤ちゃんのときに覚えたっていうことじゃないんですよ。そこまで頭良くないですけど、お祖母ちゃんが、自分の妹とかをおんぶして、そうやって歌ってくれたのがそういう感じで、その中に流れている。

例えば、さっき私がやったように、「ナラエヌン チュンソンドンア……」と言うと、国には忠臣が生まれて、親には親孝行な子が生まれて、そして兄弟は仲良くっていうような、親が子どもに伝えてあげたいことを、その中に一つずつ入れながら、それでその一つフレーズが終わったら、「トゥンドゥンディ トゥンソナ……」、そんなふうにやれば、もう子どもは静かに眠りながら、「そうだ、国に忠誠しなくちゃいけないのか」と、自分も思わずマインドコントロールされる。だから子どもは、「ああ、親には孝行しなくちゃいけない、兄弟は仲良くしなくちゃいけない」というのを、自然に覚えたような気がします。果たして私は、お祖母ちゃんがそうやっておぶって、そういうふうに育ててくださったかどうかわかりませんけど、親には、親孝行な子だと自負しております（笑い）。

子守唄は、自分がしているのは結局、そういうのはわからなくて、母親からはあまり子守唄を聞いて大きくなったような覚えがないんですね。きっと忙しくて、それはなかったかなと思います。私が妊娠七カ月目で日本に来まして、上に娘が生まれまして二二歳なんですけど、その娘に歌ってたのは、必ず韓国の、自分が学校で学んだ子守唄を歌ってあげてたんです。学校で学んで子どもに歌ってあげてた子守唄を皆さんに紹介したいと思うんですけど、それを先に言っちゃうとちょっと悪いかなと思って（笑い）。民話を先に語ってから、残りの時間を見ながら歌おうかなと思っております。

二　「お日様とお月様。ヘワ ダル（해와 달）」

今日はほんとにどんな民話を語ろうかなって思ってたんですけど、母親の話が出てくる話がいいのかなと思いました。今日語る話は、「お日様とお月様。ヘワ ダル（해와 달）」っていう話です。

イェンナル イェンナレ ホランイ タムベピドン シジョル（옛날 옛날 호랑이 담배피던 시절）。むかーしむかし、トラがタバコを飲んでたころ、あるところに、母親と、そして子ども二人と、三人で暮らしてたんだけど。このお母さん、一所懸命働いて、子どもたちを食わせて。

ある日、母親が遠いところまでに行かなくちゃいけなくて、子どもたちに留守番を頼みながら言うんですね。

「誰が来ても、戸を開けてあげちゃいけないんだよ。ちゃんとお母さんなのかどうか確認をしてから開けるんだよ」

と言ったら、

「はい、わかりました。お母さん心配ないから、行ってらっしゃいませ」

「うん、わかった」

お母さんは、遠い、ほんとに山を何個か越えなくちゃいけないところに仕事に行って、そして、子どもたちのために一所懸命働いて、そこでお餅をもらって、

「ああ、うちの子たち、お餅好きだから、よかったわ。これを持って帰って、子どもたちに食べさせてあげよう」

お餅をいっぱいもらったのを頭に乗せて、急いで自分の家に帰ろうとしてるけど。もう山を越えてるところに、少し日が暮れて暗くなっているけど。

「ああ、幼い子どもが待ってるから」

って言って一所懸命歩いていると、向こうの方からトラが一匹現れて、そのトラはもう腹が減って腹が減って、もうなんでも食いたいと思ったら、ちょうどおいしそうな女の人が、何かこう匂うのを持ってきてる。

「あら、お餅だ」

そこでトラが、

「トクハナ ジュミョン アンジャバモッチ（떡하나 주면 안잡아먹지）。お餅一つくれたら食わないから」

母親は、

「はい、お餅こっちにあるから」

って、その餅を、まあ子どもの分もあるから、全部あげるわけにはいかない。それで少し分けて、

「これでいいかしら」

って、トラがその餅を食う間に、サッササッと逃げようと思って。

　またそれを持って逃げてるところに、いつの間にか、後ろで食べてるかなと思ったら、自分の目の前にまたトラが座って、

「さっきのその餅では足りなかった」

って言いながら、また、

「トクハナ ジュミョン アンジャバモッチ。お餅一つくれたら、お前は食わない」

　仕方がない。これはほんとは幼い子どもたちに少し食べさせようと思って残したんだけど、仕方がないわ。

「はい、これじゃあ食べて」

　そのうち、まだ逃げてると、また、いつの間にかトラが自分の前にすーっと立って、

「あれだけでは、ちっとも腹の足しにもならない。やはりお前を食わないといけない」

　それで、その母を食べてしまって。それだけでも、まだそのトラのお腹《なか》ってどういうもんなのか、まだ少し残ってて。

「ああ、まだお腹が減ったな。そうだ、そういえばさっき言ったな。家で幼い子どもたちが待っていると。いやあ、この人の肉がこんなにおいしかったんで、幼い子たちの肉は柔らかくておいしいに違いない」

　そうして、このトラは母親の服を着て、子どもたちが待っている家に行って、

「母ちゃんだ、ドアを開けろ」

って。その話を聞いて、子どもが、

「はーい」

って開けようとした瞬間、

「違う。お母さんが、『ほんとにお母さんかどうか確認してから開けて』って言ったんだ。声もそういえばおかしい気がする。なんか、うちのお母さんの声はもっときれいなのに」

「そうだ」

って、この子たちは、

「うちのお母さんの声じゃない。ウリオンマ モクソリヌン ジョムド イェッポ（우리엄마 목소리는 좀더 예뻐）。うちの母の声はもっときれい」

って言ったら、それを聞いたトラが、

「働き過ぎで声がこうなったんだよ。開けてくれ」

「じゃあ、うちのお母さんかどうか、ちょっと手を出してみて」

「わかった」

　それで、韓国でも襖《ふすま》じゃないけど、障子みたいな、その戸なんです。そこにプスッと手をあげたら、見たら、自分の母親の手は白くてきれいなのに、なんか毛

がもじゃもじゃでおかしい。

「いや、うちのお母さんのじゃない。母の手はもっとすべすべで、真っ白いんだわ」

「そうか」

そして、このトラは、この子どもたちの声を聞くと早く食べたい。でも、この手ではどうしようかなと思いながら、手に粉を、白い粉を塗ってきて、そして、

「お母さんだよ、開けてくれ」

それでも、今までの自分の声の中で一番きれいな声で、

「お母さんが来たよ、開けてくれ」

「あっ、声が母じゃない」

「これは働き過ぎだよ」

「そうか。じゃ、手を出してみてください」

またそこに手をそうっと出したら、白い粉を塗ってきたので、触ったところすべすべで、毛も全然見えない。

「ああ、お母さんだ。開けてあげよう」

として、そのドアを開けるところ、穴のところからふっと手を抜いたときに見たら、そこに、トラの尻尾《しっぽ》が見えて、

「あっ！ たいへんだ」

お姉ちゃんは弟に、

「開けちゃいけない。だめだよ。私たち、逃げなくちゃいけない」

そして、二人は台所の方に逃げて、ずうっと違うところに逃げて、そうしたら、いつまで待ってもドアを開けないので、トラが、

「なあに、この子たち！」

って、ドアをぱっと開けてみると、子どもたちは、もうすでに逃げて部屋にいない。どこに逃げたんだろうと思いながら、子どもたちの足だから、そんなに遠くに逃げたわけがない。あっちこっち探してるんだけど、子どもがいない。

「どこだろう、どこだろう」

そこにちょうど井戸があって、もしかしたらここに逃げたのかなと思って、すうっと見てみると、井戸の中に子ども二人が、そこに入って座ってる。

「ハハ、お前たち、そこだな。ちょっと待ってろ、今すぐに行くから」

そして、井戸の中に入ろうとして、足を入れた。片っぽうだけ入れたときに、子どもの笑い声が聞こえて、

「フフフン、馬鹿だね。私たち井戸の中にいるんだって。木の上にいるのにね」

井戸の中にいたと思ったのは、ちょうどそこに立った木の上に逃げた子たちが、そこに映ってるのを見て、

「何！」

すうっと足を降ろして見てみると、子どもたちがそこにいる。

「そこだな。待ってろ」

このトラ、木の上に上ろうとしてるんだけど上れない。

「一つだけ聞くけど、お前たちはその木にどうやって上っていったんだ」

そこで、お姉ちゃんが、

「うん、簡単よ。手と足に油を塗って上に上ってきたの」

「そうか」

台所に行って、油を探して、手と足にべたーっと塗って、そして、木の上に上がろうとしてるけど、ずるっ、すべ、ずるっ、すべ、上がれるわけがない。その姿見て、またおもしろくって、弟が笑いながら、

「馬鹿だねぇ。私たちは斧《おの》で上ったの」

それを聞いたトラ、

「そうか」

どこかでまた斧を探してきて、木の上に上っていく。木の上で待ってるこの二人は、どんどんトラが上ってくるのを見て、

「ああ、助けてください、神様。ハヌニム サルリョジュセヨ（하느님 살려주세요）。私たちを助けてくださるなら、空から、天から、大きくて丈夫な太い縄を下ろしてくださぁい」

って祈ったら、トラがもう上がってきてるとき、どんどんどんどん上から丈夫な縄が下りてきて、この子たちはそれにつかまって天の方に昇っていった。トラが上に上がってきてみると、子どもたちがもう天の方に昇っていくので、一生懸命上がりながら、何か太い縄を下ろしてくれと言うのを、聞いたような気がする。

「ああ、神様。私にも、何か、太くて、まあ短くても、腐っても何でもいいから、とにかく縄を下ろしてくれ」

そうしたら、ほんとに上から太い縄が下りてきて、トラは、これだなって思って、それにつかまって、子どもたちの後ろをずうっとついて歩くときに、神様が下ろしてくれたのは腐った縄だったので、それが途中でぷつんと切れて、トラはキビ畑に落ちて、そのトラの血で、そこからキビは赤くなったっていう話ですけど。

その天に昇った子たちは、お日様とお月様になったんだけど。弟がいつも、

「夜道、自分一人で、ずうっとみんなもいないところにいると寂しい」

と言ったものだから、お姉ちゃんがお月様に、弟がお日様に。そして、この二人、娘が恥ずかしいんじゃな

いかなと思いながら、雲になって母親が来て。そして、お月様もお日様も、たまに雲が隠れるのは、自分の子どもたち、どうかなと思いながら抱いてあげる母だということです。おしまいです（拍手）。

三　子どもたちに聞かせた子守唄二つ

（照明が明るくなる）明るくしてくださってありがとうございます。自分だけスポットライトを浴びて、皆さんの顔が見えないと、皆さんが喜んでくださっているのか、どうかわからなくて、ちょっと不安だったんですけど。やっときました、私の子守唄が。

日本に来て、本当に子どもたちに何もしてあげることができなくて、毎晩寝るときに子守唄を歌って、日本の昔話を一冊ずつ本で読んであげてたりしてたんです。そのとき歌った歌は、内容がどういう話かというと、「私の赤ちゃんすやすや眠ってね。お星様も今は自分の母の胸で眠ってるよ」という歌が一つと、もう一つは、これはほんとは子守唄じゃないんですけども、その中に子どもが寝るっていう内容が入っているので、子守唄の代わりに自分の子どもたちにいっぱい聞かせました。

それと、私は自分が出た高校が女子高でミッションスクールだったので、ずっとゴスペルとかを聞いていたんですね。私は「アメイジング・グレイス」がすごく好きだったので、それをずうっと子どもに歌ってあげました。そうしたら子どもがそれを、最初は子守唄だと思っていたらしくて、だから、「違う。これは違う」ってあとで教えたんです。だから、母が歌うのは必ずしも子守唄ではないけど、自分にとって一番、自分の子どもと自分が気持ち安らかに眠れるものが、私は子守唄だと思ってました。

♪ウリアギ　チャカンアギ　ソロクソロク　ジャム
ドゥルラ　ハヌルナラ　アギビョルド　オンマプム
エ　ジャムドゥンダ　トゥンドゥン　アギ　ジャム
ジャゴラ　イエプンアギ　チャジャン（우리아기 착
한아기 소록소록 잠들라・하늘나라 아기별도 엄마품
에 잠든다・둥둥 아기 잠자거라 예쁜아기 자장）

これは学校で習いました。拍手が出るんじゃないかしら（笑い）（拍手）。

今から歌う歌はどういう歌かと言うと、「小さな島で、ほんとに一人だけ子どもを置いて、親が牡蠣《かき》を取るとか、ウニとか、サザエとかを潜るんですね。潜りに行くときに、一人で残っている子どもは、パシャパシャってなるその波の音を子守唄の代わりにして、自分一人で自分のこの腕でふうっと腕枕をして寝る」っていう話なんです。その歌が腕枕をして寝るっていう内容であったので、私はそれを子守唄の代わりに子どもに歌ってあげました。

♪オンマガ ソムグヌレ クルッタロ カミョン アギガ 何か急に涙が出てしまいましたけど…… ホルロ ナマ チブル ボーダガ パドガ ブルロジュヌン チャジャン ノレエ パルベゴ スルルルジャミ ドゥンミダ(엄마가 섬그늘에 굴따러 가면 아기가 홀로 남아 집을 보다가 파도가 불러주는 자장 노래에 팔베고 스르르 잠이 듭니다)

ていう歌なんです(拍手)。

ほんとは歌がすごく上手で、ほんとはこの歌が自分の締めだと思ったから、最後にこれで美しい声を聞かせようと思ったら、涙が出てしまいました。私の持ち時間がほんとは三〇分もあるので、もっとほんとは語りもやって、歌も歌おうと思ったのに、あら(笑い)。

子守唄というところで、母のことを考えるといつも泣けてくるんですね。それが日本の歌だとそうでもないんですけど、本当なんです。語りもそうです。同じ語りだけど、韓国語で語ると涙が出ちゃう。日本語で語ると、自分が結局、韓国語で学んだものを日本語で自分で訳して語るから、その分こうクッションが置いてるんですけど、昔話じゃなく、子守唄だったりとかすると、直に自分の気持ちが来るので、すみません。なんか、ほんと泣くつもりじゃなかったのに。

四 「青蛙の話。チョンゲグリ イヤギ(청개구리 이야기)」

あと一〇分くらい時間がありますので、たぶん語りをやれば、今度は泣かないと思いますので、語りをやりたいと思います。

野村先生、何やりましょうか。「ゲグリ(개구리)」じゃ、また泣きますよ。また泣くかもしれないですけど、ごめんなさい、美人は泣いても綺麗だと言いますから(笑い)。

次の話はほんと短い話ですけど、先の「ヘワダル(해와 달)。お日様とお月様」は本で読んだ話を語りましたけど、これから語る話は母から聞いた話なので、耳で覚えた話です。子どもたちがいうことを聞かなかったりとかすると、母はいつもその話を語ってくれたりとか、するんです。「青蛙の話。チョンゲグリ イヤギ(청개구리 이야기)」って言います。

イェンナル イェンナレ(옛날 옛날에)。むかしむかし、あるところに、お母さん蛙と息子蛙と、二人が住んでいたんだけど。この息子蛙がとっても困った子

で、お母さんの言う話を全部反対にしか聞かない。母親が、

「山に行きなさい」

て言うと川に行くし、

「川に行きなさい」

て言うと山に行く。

「もう遅いから寝なさい」

て言うと、

「眠くない」

て言って、いつまでも起きてるし、

「朝だよ、早く起きなさい」

て言うと、

「眠い」

って、いつまでも寝てる。ほんとにお母さんの言う話を全部反対にしか聞かない子だったので、お母さんが病気になって、もう自分の命が長くないなと思った母が、ある日、息子を呼んで、

「なあ、母ちゃんが死んだらなあ、川のほとりに埋めてくれや。わかったかい」

　韓国は昔、人が死ぬと、その亡骸《なきがら》を持って山の方に行って、土を掘って、そしてそこに亡骸を埋めて、まあるい土饅頭を作る土葬が一般的な葬式のやり方だったので、やはり、このお母さんも自分は山に埋めてもらいたい。反対にしか聞かない息子だったので、

「山に埋めてもらいたい」

と言ったら、川に埋めるかもしれないので、それを前もって自分から、

「川のほとりに埋めてくれ」

と言って息をひきとったんです。息をひきとって、黙って、もうそのまんま、ほんとは死んでしまったんだけど、子どもは母が死んだのも気付かないで、

「ふん。いつもお母さんは、黙って自分のこと放っとくわけがない。そのうち、またなんだかんだって言うだろう」

　しばらく経っても母は自分のこと呼んでくれない。何だろう。ふうっと見て、

「お母さん」

　返事がない。

「ふん。そのうちまた言うだろう」

　またしばらーく経ったんだけど、それでも母からは何もひとこともない。ほんとに心配になったこの子は、お母さんのところに振り向いて、

「お母さんってば！」

　お母さんの手に触れた瞬間、あまりにも冷たくなったその母の手に、ああ、母親は死んだんだっていうのが気づいて、この子は泣きながら、

「お母さん。僕は今まで、母が言う話は全部反対にしか聞かなかったけど、最後のその言葉だけは必ず守る

から」

と言って、お母さんの亡骸を持って、川のほとりに埋めてやって。でも、それからが大変。雨がいっぱい降ったら、自分の母親のお墓が流されるんじゃないかなと思って、心配になり、この子はいっつも、川のほとりで、

「オンマー、オンマー（엄마、엄마）。母ちゃん、母ちゃん」

って泣いたそうです。

　今でも池や川のほとりで蛙たちが、

「ケロケローケロケロ」

って鳴いているのは、

「人間どもよ、いつまでも両親が生きてると思うなよ。ちゃんと親孝行しなさい」

っていう人間への警告だそうです。おしまいです（拍手）。

　この話をほんとに初めて、何年か前に韓国語で聞きたいというのがありまして、初めて自分も韓国語で語りました。今まで語りの中で、語りをやりながら泣くっていうのは一回もなかったのに、そのときだけ、初めて自分がほんとに、何かウォンウォン（엉엉）泣いてしまって、語りをやったのか、鼻水すする音を聞かせたのかわからない思い出があります。これは子守唄とは関係ないんですけど、ほんと、自分の言葉で何かを伝えるっていうことが、どんだけ大切で、それが、ああ、ここに来るんだなっていうのが、初めて語りをやりながら感じたものだったんですね。だから、誰でもみんな親の子どもだったのですね。

　母からいつも言われたのが、「母親が死ぬと自分も死ぬと思った子どもが、実は、結婚して子ども産んだら、『母親が死にました』と言われても、自分が産んだ子どもたちを置いて母親と一緒に死ぬわけにはいかない。『母親には申し訳ないけど、私は子どもと一緒に生きます』っていうのが、母だった」っていう話を聞きました。それで、ほんとに愛っていうのは、雨のように水のように、上から下に落ちるものであって、下から上に上がるものじゃない。だから、母の愛もやはり、それがその子どもに伝わって、その子どもも母が思ってくれた気持ちをそのまんま自分の子どもに、っていうのがあります。だから、韓国語では、サラン（사랑愛）っていうのが愛なんですけども、「サランウン　ネリ　サランイダ（사랑은 내리 사랑이다）」という言葉があります。それは、「愛は上から下にずうっとつないでいくのが愛なんだよ」っていう意味です。

　もうそろそろ私の時間は終わりですけど、さっき泣いてしまったので、泣かずにもう一回歌って終わりに

したいと思います。

♪オンマガ　ソムグヌレ　クルッタロ　カミョン　アギガ　ホルロ　ナマ　チブル　ボーダガ　パドガ　ブルロジュヌン　チャジャン　ノレエ　パルベゴ　スルルル　ジャミ　ドゥンミダ（母ちゃんが島へ牡蠣とりに行くと、赤ちゃんは一人留守番をして、波が歌ってくれる子守唄を腕枕にしてすやすや眠りに入ります）

という曲です（拍手）。ありがとうございます。カムサハンニダ（감사합니다）。

シンポジウム

家庭に子守唄と民話を!

西舘　好子・野村　敬子・
小山内　富子・司会　石井　正己

一　これまでの民俗学への反省

石井　今日は、日本と韓国が出会い、子守唄と民話が出会う企画を考えました。畑﨑節子さんの播州弁の子守唄と民話、金基英《キムキヨン》さんの日本語に韓国語を交えた子守唄と民話は、すばらしかったですね。新宿区の大久保界隈は韓国に行ったような感じですから、韓国語の子守唄は新宿区の国際性とよく響き合います。このような会が新宿文化センターで開催できたことは、ささやかながら大きな一歩になるものと感じております。

後半のシンポジウムのテーマは、「家庭に子守唄と民話を!」として、最後に感嘆符まで付けました。これは私が勝手に付けたタイトルですけれども、壇上の三人のパネリストの思いも一つだろうと感じています。この数年の間、昔話をめぐる会をずいぶん行ってきましたが、今日は昔話から民話に広げ、さらに子守唄との接点を考えたいと思いました。私自身のこれまでの活動も、この場所へ集約してくるような感じがします。

繰り返すことになりますが、柳田国男は、日本のごく普通の人々が家庭や地域で伝えた歌や話を非常に大事なものだと考えました。そうした営みをつまらないものだとか、古めかしいものだとは考えずに、その価値を認めて、やがて民俗学という学問を作り上げました。その一領域に「口承文芸」というジャンルを考え、別の言葉では、「言語芸術」とか、「耳の文学」とも呼びました。

歌うとか話すとかいう言語行為そのものを「文芸」「文学」、そして、「芸術」と認識したのです。「文芸」「文学」というと、特定の芸術的な作家がいて、文字で書いたものが文学だと思いますけれども、そうではない。人々の文学というものを初めて文字から解放して、誰もが詩人になり、作者になると考えたのです。

民俗学者は採集マニュアルを作って、全国から歌や話を集めて研究を進めました。しかし、その前提にあったのは、こうした歌や話はやがて消えてしまうので、今のうちに集めなければならないという危機感と使命感でした。それは『遠野物語』から始まったとして、すでに一〇〇年かけてやってきたわけです。

その結果、膨大な資料が集まりましたが、民俗学者は集めた資料を地域に戻そうとしませんでした。地域に戻れば、自分たちが欲しいと思う古い民俗が集まらなくなると考えました。自分たちが採集した民俗が地域に環流するのは邪魔だったのです。記録化はしましたが、地域に戻すことをしなかったのは、民俗学の限界だったと思います。

もちろん女性の民俗学者もいましたが、この学問は、やはり男性を中心に進められました。それに対して、語りを始めたのは女性たちで、こういった歌や話は消えていいものではないと考えたのです。その結果、今の社会において、子どもたちに子守唄を歌い、民話を語ることが非常に大事なんだと考えるようになってきました。民俗学者は消えてゆくものだと決めつけましたが、そうは考えませんでした。早ければ四〇年、遅くてもこの一〇年は、さまざまな活動を展開してきたと思います。

その際の引き金になったのは、観光ということでした。地域が過疎化してゆく中で、観光資源として何を見出すかということになったとき、自然の他になにがあるかと悩みます。例えば、岩手県の遠野は民話のふるさととして、これを観光資源に使ってきて、旅館や民宿・観光施設、さらには駅前の空き店舗を利用してきました。

一方、各地域でこの一〇年くらい盛んになっているのは、むしろ、幼稚園・保育園・小学校・中学校など、教育の場にボランティアで語り手たちが行くことです。地域の文化や言葉を子どもたちに伝えて、ふるさとを愛する気持ちを育てたいという思いは切実です。そういう活動の中で、子守唄や民話は大事なものとして見直されてきたのです。

しかし、私などは近年、観光のような経済活動や、学校のような公的制度ではなく、本来子守唄や民話が生きていた家庭に戻せないものか、そして、そこから親子関係を新たに作れないものかと考えてきたのです。今日の催しもそういう積み重ねの中から生まれたものであって、偶然思いついたわけではありません。

これから、壇上に上がっていらっしゃる方々に、それぞれのお考えを伺ってみたいと思います。お馴染みの方もあれば、初めての方もあると思いますので、自己紹介を兼ねながら、子守唄や民話に関心を持ったきっかけ、出会いからお話しいただきたいと思います。

では、近い所にいらっしゃる西舘さんからお願いします。

二　子守唄の消滅と女の力の喪失

西舘　はい。私が子守唄と出会いましたのは、かれこれ一三年前でございます。あのころ、初めて日本に大きな問題として横たわりはじめたのが、子どもの虐待でした。

私は虐待の取材を通して、ある母子心中に立ち会いました。その事件では、母親は生きのびましたが、子どもはなくなりました。そのときのことです。担当の刑事さんが、「ねえ、西舘さん。この子はね、まだ子守唄を聞いて寝ていられる歳なんだよね」と、遺体の前で言いました。まだ三歳にも満たない女の子は生によってではなく、母親のおきざりでなくなったのです。その一言は胸に突き刺さりました。

実際に、子守唄はその頃から、どんどん消えはじめました。なぜ消えたかはわかりませんが、情報が多くなったこともさることながら、日本で負と言われているものが崩壊しつつあるのと同じときに、子守唄が消えている。消えていいものなら、それでいいのですが、待てよ、私自身が子守唄を忘れてはいないだろうかと感じたのです。

それが本当に必要であれば、それこそまさに次の世代のキーワードになるかもしれない。なぜならば、それを機に私が子守唄を調べた結果、ある特定の方が必死になって収集したり調べていらっしゃるけれど、生活の中からはなくなっていたんです。何故か？　それからいろんな先生に教えを請いまして、この唄はなくなってはいけないんだと結論づけたのです。

私も娘として生まれ、妻となり、母となり、そしてお祖母ちゃんになり、今は育児も、孫育ても卒業している年齢です。でも、私は女性という性とは何だったんだという、クエスチョンにたどり着いたようです。つまり、私たちは、本能的な女の力、生み、育て愛《いつ》くしむというあたりまえの命の力を失いはじめているのではないだろうか。それが子守唄という最大の素材を忘れてさせてしまった要因になってないだろうか。そう考えました。

日本の子守唄は、女の深遠にかかわる。そして、最も文学的である。なおかつ、人のアイデンティティーにかかわっている。そんな大事なものを忘れたりなくしていいということはないだろう。真っ先にそう思いました。

私は研究家ではありませんし、専門的分野ではとても追いつけそうもありません。皆さんのなさっている研究の中には入れない。じゃあ、これを、今現代という時代とつなげることができるだろうか。本当にいいものならば、どんなに古くても、今と糸がつながるはずだ。それを探して、活動ができないだろうか。ということで日本子守唄協会というものを設立しました。今度の震災では、ますますその大きな力を再認識しました。震災で子守唄ほど役に立ったものはないからです。先祖の霊をもって海の彼方からやってきた唄なのです。たぶん、私の後半生の仕事にもなっていくだろうと、今頑張っているところです。

石井　女性が女の力を失いはじめているという意見は重いですね。柳田国男には『妹の力』という本があって、女の力の淵源を考えました。男女共同参画は大事なことですが、それによって、女性が社会に加わるときに男性になってしまうならば、あまりにもったいない（笑い）。男女共同参画は誰も反対しませんが、それによって失うものがあることは注意しておく必要があります。

では、今度は民話の方から、野村さんです。

三　声の文化を支える耳の力

野村　野村でございます。私はフィールド調査の形で、昔話を聞いておりました。二〇歳から昔話を聞きまして、ご覧のような白髪になるまで、飽きもせず、ずうっと聞いておりました。昔話は、今、先生方お二方がおっしゃったことにまことによく該当いたします。声の文化として人が人に語るということを、私たちは心の芽出しにつながるものであろうと考えておりまして、わかるまで聞いてみようと思って、とうとう五三年聞いてしまいました。「飽きませんか」って言われても、飽きないのです。

今、皆さんが聞いてくださいました金基英さん、私は彼女の日本の母のつもりでおります。金さん。歌って、語って、あなたの美しい声で、韓国の文化をみんなに伝えてください。それが、家庭に子守唄と民話を顕在化する起爆剤になってほしいと思います。

今日は公共の施設だから持ってきませんでしたけれども、私は『キムさんの韓国民話』という本を作りました。これには、彼女に日本の現状を打開していく力をいただきたいと思いました。本当に、親として娘に頼むような気持ちでした。その心が伝わりまして、皆さんにキムさんの韓国民話をお聞きいただいたのは一〇年前でございました。そして、そのことは先のところでお話をさせていただきたいと思います。

私が民話に関わることをやめられずにおりますのは、常に社会状況と民話の語りがずうっとつながっている、人間生活そのものと民話のあり方が非常に濃く結び付いている、と思うからです。それは、西舘先生がおっしゃった子守唄や、石井先生がおっしゃったことと全く同じです。現代の私たちはどうも耳を失いかけています。耳の文芸として、心を表現する力がとみに衰えていると思います。

私は「産婆の語り」についての調査を致しました。今日もかわいらしい方がお母様と一緒に参加していらっしゃいますけど、彼女の耳は大人と同じです。産科・小児科の先生方が実験してくださいましたけれども、人間というのは最初に耳の力が出来上りまして、胎内ですでに聞くことができるのです。生まれたときには、ほぼすでに聴覚は完備しているそうでございます。ですから、私たちは何か大きな忘れ物をしたということに気づくわけです。

先日も、公共の図書館の昔話講座で、「乳幼児不可」と書いてあるのに、テープを貼ってもらいました。「乳幼児を連れて来てください。こどもたちも語りを聞きに来てください」、そういう活動もしております。それは耳の力ですね。日本の文化としての文字文化、文学よりずうっと昔から、私たちの母なる口承文化はあるわけです。私はその語りを聞くという力に未来を見つめつづけていきたいと思っています。やめようかなと思うと、いろんな問題が起きてやめられないのです。その一つに国際結婚をした「外国人花嫁」の問題があります。

山形県の私のふるさとでは、フィリピンから来た花嫁が子を産み育てる時に、お母さんに、「フィリピンの子守唄を歌うな。タガログ語でしゃべるな。ここは日本だから、日本人を育てろ」と言って、フィリピンの民話と子守唄が阻止されたという歴史がございます。私は、ほんとに軽薄な言い方ですけど、頭に来ました。そして、その報道をした新聞を持って山形に飛んで行きました。そして新庄市の小林紀子さんなど女性たちの協力を得て、わらべ唄「バハイクーボ」も入れて『フィリピンの民話』を平成四年に出しました。家庭と子守唄と民話が、日本の中で拮抗対立して人々を悲しませているという現実があったんですね。

ですから、民話を観光や遊びだけではとても考えられない。私は、「野村さんは楽しい民話をおもしろくなくする」と言われております。結構です。私は社会派なんですよね。民話を語れない悲しい人をなくすことが必要です。誰かが、「民話は楽しく心を豊かにするために語る」と言うのですが、それが全うできる世の中が案外あるようで、ありません。そこで、そのステータスシンボルとして、私は金さんの韓国民話が日本の中に埋没しないようにと願ったのです。国際結婚でみえた方は、特に子育てに日本人もどきのような暮らしをしていらっしゃることがあります。しかし、もどきではなく、その国のお母さんらしく、韓国民話を語り、子守唄を歌い、キムチを食べ、韓国の衣装を着て、私たちは隣人として彼女たちの文化を子どもの上に重ねていく喜びを知るわけでございます。そのようなことをしながら、私は昔話をこれからも聞きつづけてまいりたいと思っております。

石井　明治の文明開化以来の近代化の中で、民話や子守唄は古臭いもので、後れたものだと考えられましたが、たぶんそうではないでしょう。子守唄や民話が持っている根源的なものが、時代を超えて今を作っていくというのは、確かにその通りです。野村さんは、産婆の昔話から外国人花嫁の民話まで、山形県の女性の民話をずっと追ってこられました。山形県という場所を一つの拠点にして、地域社会と国際社会の関係を厳しく見つめてきたわけですね。

四　子守りの思い出と心と物のバランス

石井　小山内さんには、子守唄と民話を見渡すようにして、図書館の活動、児童文学作家としての活動、随筆家としての活動からお話ししていただきたいと思うのです。私は小山内さんの本の中でとってもいいなと思うのが、『「にゃーごとあろう」父の後ろ姿』で、佐賀女の見た父親の姿が書かれています。これは大変良い本として深い感銘を受けていて、今日ご登壇いただいた一つの理由がそこにあります。では、小山内さんお願いいします。

小山内　皆さま、こんにちは。小山内でございます。ここにお集まりの皆さまのどなたより、私が一番年長者だと思います。ですけれども、名前は「おさない」と言います（笑い）。いつまでもほんとに「幼い」ですから、今日の第一部も、それから先ほどのお話も、皆さんなんてお上手かしらと感動しながら、そのように私は幼い目線で見上げております。

先日、先生から子守唄のお話をいただいたときは、まずシューベルトとかモーツアルトなど、女学校のときに習った子守唄を思い出して、どういうふうに結び付ければいいのかしらと思っていました。けれども、私はこの問題をいただいてから、子守唄と自分との関わりを初めて考えたんです。そうしたら、そういうものじゃなくて、子守唄っていうのは、子守をする人が子どもに本当に愛情を込めて、すばらしい言葉じゃなくてもいいんですよね、リズムをとって静かに静かに眠るように語りかけてあげることじゃないかなと思いました。

私は子守唄を歌ってもらうような環境ではなく育ちましたが、四季折々の風景は揺籃《ゆりかご》のような役目もしてくれていたように思います。野良仕事に明け暮れる農家では子どもが生まれたら子守さんを雇います。私の記憶の中の一つに近所に未亡人の老婆の子守さんがいました。その人はうちの庭先でよく赤子をあやしていました。私の家は村の西のはずれにありましたから、日没時の夕日が遮《さえぎ》るものもなく見られました。お婆さん子守は、「夕日がきれいか、きれいか」とリズムをとりながら歌って寝かしつけていました。その姿が自然の中にとけ込んだ一枚の絵のような余情をもって今も私の心に残っています。

子守唄を歌ってもらった記憶のない私にも、この度子守唄というテーマを戴き、私の子守唄の新しい発見が出来たように思います。

昔は、家のお手伝いさんや、子守さんなんかも、一緒に村で遊んでたんですね。子守さんはまだ小学校を出たぐらいの少女で、預かった子どもを安全に寝かしつけなくちゃいけないってことは守ってるんですけれども、自分も遊びたいもんですから、預かってきた子どもを早く寝せたいんです。

その時の子どもだった人が先年亡くなられたお葬式の時、今は老婆となられた子守さんだった人が、お詫びをせねばならなかった機会を失ったと涙しておられたそうです。それは子守仲間と遊びたいばかりに、私の地方ではお化けのことを「アモジャ」って言うんですけど、その子に「早よう寝んばアモジャの来っけん、寝んしゃい、寝んしゃい」と半ばおどしながら寝かしつけたそのことを気にしておられたのです。その時の子どもはまだ一歳か一歳半ぐらいだから、アモジャの意味はわからずとも、おとなしく目を閉じてスヤスヤ眠ってくれたそうですが、恐怖はなかったろうかと老いて心を痛められておられたとか。何十年間も枯れなかった老婆の心情は人間の宝に思えます。

子どもに接する人には、何はなくても、精一杯の愛情を持って接してもらいたい。子供は、それを肌で感じるのです。最近の親子関係では、精神面での配慮が物質とすり代えられていないかという気がします。

皆さまはまだお生まれになってなかった時代かもしれませんが、終戦の一年半後、九州の佐賀から東京の学校に出てきました。切符も買えなくて、闇で買ってもらっての上京でした。手作り弁当はもたされるけれど、とても汽車の中では食べられないんです。なぜ食べられないかっていうと、汽車の中に戦争で両親をなくした浮浪児が乗っているんですね。孤児になった人たちの話を聞くと、とてもお弁当なんか広げる気がしなくて、それでも二日くらいかかって、食事もしないでたどりつきました。

親戚がいましたから、一年間親戚にいて、それから寮舎が空いたから寮に入って生活しましたけれども、その頃は物もなくて貧しく、みんな寄りあって、一枚のお煎餅も分けて食べるという間柄でした。物資面ではとっても乏しかったけれども、ほんとに心豊かな生活だったと思うんです。みんなで分け合うとか、譲り合うとか当たり前でしたから。

今、往時の寮友とお会いするとね、「自分の子どもとでも、ああいう気持は分かち合えない」って、そうおっしゃるんですね。どうしてこういう時代になったのでしょう。「物があまりにも豊かになって、私たちは物に毒されているのよね」って話すんです。とにかく私は、何が一番大事かと思うに、愛情ほど貴重で必要なものはないと思います。どんな子どもも、ほんとに命がけの愛情で接すれば、ある程度なるようにはなるんじゃないかという気がします。皆さんに、愛情を育てて愛情の花を咲かせていただきたいと思います。

私は学校を卒業して、その年から大学図書館に勤めました。四五年勤めました。その間に結婚もしましたけれども、本が相手ですから、嫌なことっていうのは、ほんとになかったんですね。本郷の東大だったんですけれど、東大の構内は広いから、疲れたら、「あちょっと疲れたから、三四郎池の辺りで英気養ってくるわ」等と言って、そういうほんとにゆとりのある職場でした。各自に任されている仕事でしたから、責任と自由が平行してあったと思うんですね。

定年退職になってからも、「図書館の優良図書の選書委員をやってくれ」って頼まれたりして、何となく世の中と関わっております。でも、ほんとに私は何も知らないんですよ。民話といっても、民話を話してくれる人もいなかったのですが、一つだけ民話を話していただいたことがあるんです。今でもその話を聞いた道を通れば、ああ、そこにお化けが出たんじゃないかとか、そういうことが切り離せないんですね。姉妹にも、「知らなくたっていいことは知っているけど、肝心なことは何も知らない」ってよく言われます。こういう場所に呼んでいただいてお話しするなんて遠慮しなくちゃいけないんじゃないかって思いますけれども。何となく来てしまったんです（笑い）。そういうことですから、割り引いて私の話を聞いてください。

石井　小山内節を聞けました（笑い）。今、小山内さんの話で、子守を雇うというのがありましたが、子守奉公ということですね。柳田国男は、子守唄には二つの種類があると言いました。一つは、お母さんやお姉さん、お祖母さんなどが愛する赤子に歌う子守唄です。それに対して、奉公に出された子どもが労働として歌う子守唄があります。その間には大きな違いがありますが、子守奉公の歌は、子守唄の歴史で言えば、非常に新しいものだろうと言います。その思い出を語ってくださいました。

もう一つは、心の小ささに比べて、物があふれている現代社会ですね。今度の東日本大震災もそうで、三陸海岸の被災地の瓦礫《がれき》を見てもわかるように、我々は本当に物があふれた生活をしていて、それが豊さであると感じている。しかし、ひとたび災害に遭ったりすると、何もなくなったところから考えなければならない状況になります。寺田寅彦が「天災と国防」で、文明が進めば進むほど復興が困難になると言っていますす。東京では、関東大震災を経験し、人災としての東京大空襲を経験し、今回の東北地方の経験は、明日の私たちでないという保証はありません。その際に、心と物の関係をどうするのかということが問われているんですね。

五　子守唄や民話を追いやった罪

石井　今日は三人が揃ってくださいましたが、なかなかない機会ですので、ご参加くださった皆様にご質問やご意見を伺いたいと思います。その前に、もう一度、ちょっと踏み込んでお話をいただきたいと思います。

西舘　私は、このテーマで言えば、今、自分が何者であって、これからどういう指針を持って生きていくのかということを思い、みんなが、後世に伝える役を担ってるということを認識しないといけない時期ではないかと思っております。この震災は大変なものでしたけれども、正直なことをいって、一人一人に突きつけられた生き方を検証する時間だと思います。それは自然の脅威、突然襲ってくる命への危機、それから、物なんかはっきり言って役には立たないというところに追い込まれていく。でも、全てを失っても、失わないものって、どこかにあるんじゃないか。失えないものっていうのはここに立っている自分、自分が日本人であること、かけがえのない家族がいたこと。その縁のつよさと命の存在、あれほど嫌がっていた縁者たちが有縁ということに気づいて、要するに日本という一家族であるという認識が大きいと思います。

そこの中で子守唄や民話がどういう役目を果たすのだろうかと言えば、失わせてしまったことをまず考えなくてはいけない。私は一代の罪ではないと思っていますす。子守唄や民話をこれほど過去に追いやった罪というのは、私たち三代くらいにわたる女の罪です。曾祖母、祖母、母くらいの浮かれているお祖母ちゃんの世代は、戦争という波を超えてきたにもかかわらず、終戦後日本の心の財産を守ろうとしなかった。その人たちが一所懸命がんばった末に生まれた私たちは、今度は貧しさからぬけだそうと、物の豊かさとお金の豊かさを優先した。我が子には苦労させたくなかったと大義名分をふりかざしてね。その上で育った子は、その通り、苦労はしてないけれども、実はもっと大事な心を失っている。その子が今お母さんになると、とてもいいお母さんもいるかもしれないけれど、考えられないお母さんがいる。伝承されていないのだから子育ても分からない。子どもの虐待の八〇パーセントが実の親によって行われていることでも証明されていると思います。すごく長い時間をかけてとうとうここまで来てしまった。

ここでもう一度振り返ってほしい。日本ていう国はどういう国なのでしょうか？　皆さんがずっと言い続けたように、精神文化の国なんです。こんなちっぽけな国で、そんな大国と争ったって、資源もなければ土地もなければ、おまけに地震大国。何を求めて生きていったらいいんだろうかって言ったらば、精神文化しかないんじゃないか。その精神文化の基本は、生命に関わるアイデンティティーをいかに大事にするかということではないだろうか。そこに意味付けをすれば、子守唄や民話は最も大きな力を持っている。過去の歴史から発せられたものなので、一代でできた教育や文化ではおぎなえない伝承国家が根にある。

うまく話そうとか、上手にしようなんてことは必要ない。話すことと語りは違って、自分の生きざまや嘘や創造力や、かなりの知恵がないと語りにはなりません。子守唄もそうです。相手がいて歌うこと、そして、歌を聞く子どもがいること。つまり、関わりがあるから、子守唄も民話も大事なんです。そのことは、お金がなくても、物がなくても、相手と場所があればできるんです。赤ちゃんがいて、この子を抱いて、子守唄を歌ったり民話を語ったりすることはできます。そういうふうに、我々が本能に立ち戻って、人間同士なんだっていうときに、それはできるんじゃないか。それがこれから私たちがやっていく全てなんじゃないだろうかと、私はずっと考えております。今忘れさられそうなのでなお強く。

石井　子守唄も民話もそうですけれども、歌う人や語る人の人生がそこに出てしまいます。その人がそれまでどのように生きてきたのかは、隠せないと思います。こういう壇上でもたぶんそうですが、それは隠せません。子守唄や民話の教室にコースがあって、何日間でうまくなりますみたいなものがあっても、いくら技術を身に付けようとしたって、絶対うまくいかないことは保証できますね。私も親しくしていただいた語り手たちの会の櫻井美紀さんが、そういうふうに言っていたことを、西舘さんの話を聞いていて思い出しました。

では、野村さん、お願いします。

六　民話を語って文化を創る

野村　先生方の話を、本当にそうだと思って聞き込んでしまいました。私は実践を伴う聞き手でございまして、今週の火曜日は栃木の短大の授業が終わったあと、栃木市大宮にある老人ホームに行ってまいりました。何度かお邪魔しておりますが、施設長さんを頼りまして、福島から避難してきた方をお訪ねしてきました。東京から、今日もフロアに見えている「聴き耳の会」の方々のご協力を得て、震災・放射能被災の方たちに語りをしに行ったんです。

福島県双葉郡や二本松出身の浪江町の方々はもう原発事故の範囲内で到底お帰りになれません。家族と別れた九六歳のお年寄りがいらっしゃった。そして、そこでは、昭和元年の方と昭和二年に生まれた女性の方が、同じ部屋でこれからずうっと一生暮らしていくということで、新しい家庭を作っておりました。私は、野辺喜江子さんが「二本松は私のふるさと」とサインをしてくださった昔話集をお土産に持ってまいりまして、施設の若い方に、「これを読んであげてください」と頼みました。お爺さんやお婆さんに新しい家族ができたとき、何が大事かと言えば、やはり私は民話や物語だと思うんです。

今、先生方がおっしゃったように、物はなくていいんです。財産は全て流されて、ある方はお身内も流されていらっしゃる。何もないところに新しい老人の家族ができて、施設の方も家族でいらっしゃる。施設の方が「下手なんだよ、読むの」とおっしゃいましたので、「下手でいいんです。お爺さんが本当の言葉を知ってるから、お爺さんに聞いて。そしてお爺さんのお母さんから聞いた二本松の、ふるさとの語りを思い出していただいてください」と申し上げました。

私は山形弁ですけれど、ズーズー弁はお得意ですから、「むかしあったけどなぁ、じんちゃん、わかっかぁ」なんて言いながら、語りますと、「ん、わかった、わかった」、そして、涙を流されました。「じんちゃん、また来っさけな」て言うと、この間伺ったときには骨折して病人だったんですが、その折れたのが治ったばかりの手を振ってくださった。私は思わず駆け寄って、「じんちゃん、また来っさけな」て言いました。民話を語るということは、新しい人間の文化を創って、自分の命をつなげていくことです。そのとき、どんな暖かな衣類やおいしい食べ物があっても、私は充足しないと思ったんですね。今まで長い間、人々の語りを聞かせていただいて、私は、人は物だけでは生きられないと知ったのです。

これは伝説ですが、小児医学者が書かれた育児書では正統派の理論になっているようですのでご紹介します。むかしヘブライの王様が「生まれてくる子どもに一切何も話しかけるな」と禁じたそうです。王様はすべての言葉がわかる語学の天才だったのです。「何がヘブライの言葉か知りたいからしゃべるな」と言って、温かなミルクと産着を与え育てましたが、子どもはみんな死んじゃった。これは無言で育児をする修道院でも同じだと、その書物に書いてあります。ですから、言葉の文化としての民話は科学も要求してきます。民話というのはそうやって、現代の命を守っていくときに、私はとても大事なものだと思っているんです。

老人施設で私は語りを聴かれる方々の様子を拝見しながら、お爺さんの涙をティッシュペーパーでふく役目でしたけれども、「また来いっちゃ」と言ってくださるんです。そして、一人のお婆さんは、ショックで耳が聞こえないので、紙芝居のような絵を媒体にした民話が必要です。この次来るときには、少し耳が回復してるかもしれない。そんなことで、私は、今週の火曜日、遅くまで施設で遊んできました。被災された方々が暮らす家庭の質の問題が、今問われていると思います。新しい人々の営みのなかに、今までの文化を私どもが運びあげて、被災されたブランクと心の傷を回復してくださるお手伝いができるかもしれない。民話の可能性というのを、私は今、大変高く感じております。

ちょっと前ですけれど、一〇〇歳におなりの新藤兼人さんがこんなことをおっしゃっていました。自分の母は、父方の兄の家に身を寄せて、大変にご苦労なさった。お母さんは汗まみれになって働いて、自分の部屋へ帰って来ると、布団の中でぐったりとしている。けれども自分はお母さんに昔話をせがんだ。お母さんに「昔話を語って」と言うと、お母さんは語ってくれた。「ちんがりちんがり、明かりが見えたげな。悪いことをすると仏様の罰があたるんでのう。兄さんの世話にならないように生きなきゃ」という言葉があったそうです。それで、新藤さんは、「ちんがりちんがり、明かりが見えたげな」というお母さんの語り声が、自分の生涯を貫いている、と『朝日新聞』にも書いておられます。二本松のお母さんを思い出して、お年寄りがふるさとにお心が帰っていかれるようにと願いまして、野辺喜江子さんの昔話集を持って行った次第です。現実では帰れないふるさとを心に創るというのも、子守唄や民話の働きでございます。

最近になりまして、私は、震えるような出来事に遭いました。短大の卒業研究で昔話を扱う女子学生が来まして、「先生、布団の中で昔話を聞くっていうのは、どんな意味があるのですか」と、聞くんですよ。

東京の方で所帯を持ったご両親と弟と暮らしていて、桐生にあるお祖母ちゃんのうちへ帰ると、お祖母ちゃんが「飴買い幽霊」を語ってくれる。太腿《ふともも》にぴたっと自分の足をはさんで、臭いような息を吐きかけながら語ってくれたんですって。そして、「土曜日がどんなに楽しみだったか」と言うんですよ。お母さんは立派な方で、家では読み聞かせもしていらっしゃるけれど、ことはそこで終わらなかったんです。ご両親が離婚するというときになって、「いい方に行きなさい」と言ったそうです。そしたら、自分はもう、考えるゆとりもなく、あの太腿でぎゅうっとはさんでくれたお祖母ちゃんの方に行っちゃった。お祖母ちゃんにはお父さんが付いているわけで、お父さんの方に行ってしまった。「先生、あれは何ですか、昔話というのは」と問うてきました。「民話はいいんですよ」と言った大人とは会いましたが、新藤兼人さんと同じように、それを聞いて自分の人生を決めた人には会ったことがなかった。その子は立派な論文を書いて卒業していきましたけれども、現代社会でも、そういうふうに運命に関わるものらしいですね。

お母さんの声、お祖母ちゃんの声、それは母であるからとか、祖母であるからということを超えているのではないかと思いました。生まれた人と生んだ人ということではなくて、体をタッチして、おっぱいをあげたり抱きしめたり、息を吹きかけたりする場面というのは、かなり生理的なものですよね。セクシーな、夫と共有した時間を思い出させるようなもので、母系論では「人間の非常な深みにあるものである」と言っています。民話を語るという行為の中に、私たちは家庭でなければできない息遣いとか、お母さんのため息とかがあって、そういうものが子どもに伝わっていく。学童保育の可能性とか、保育ママの可能性というのもありますけれど、虐待とか何かを呼んでいくのは、母のギリギリの過程で起こるものです。ブラゼルトンの小児医学では「アタッチメント」と言いますし、「ドラー効果」とか言いますけれども、日本では昔からありますよね。今、小山内先生もおっしゃった愛し方というものが、日本の民俗社会が積み上げてきた古い文化の質の高いところに収まっているはずなんです。

私は民話を聞き続けて、優れた日本人に会い、優れたアジアの方たちに会っておりますけれども、語り手たちはそれを持っていらっしゃる。さっきの金さんの涙、あれは、お母さんとのアタッチメント、切っても切れない人間としての質の高さを親から享受している、その語りであり歌だったんだなと感動して聞きました。皆様に聞いていただいて、本当に良かったと思っております。

それでですね。私はとても感じ入ったことがあるんです。金さんの配偶者は柴田さん、日本人でいらっしゃいます。私が二年間のうちに夫と姑と妹を亡くしまして、葬式ばっかりしてたんです。もう自分もあの世に行きたくなっていたときに、柴田さんが「先生、遊びに来いよ」と言ってくれたのです。「今行けないの、仏事ばかりで」と言いましたら、「じゃあ、電話で、うちの家内の韓国語を聞いてごらん」とおっしゃった。感激しましたね。私は、フィリピンの民話を始めたときには、「タガログ語を使うな」と言って、みんなでタガログ語の「バハイクーボ」を歌う活動をしたぐらいですから、日本の男には幻滅してたのです。しかし、柴田さんとおっしゃる方が電話で、「うちの家内の韓国語を聞いてごらん。野村さん、ほんとに美しい言語で、いいよ。そうすると心がほぐれるよ。今頑張らなくてもいいから、聞いてごらん。声は美しいよ。韓国語はいいよ」とおっしゃった。素敵な配偶者だと思いました。相手を尊重して、相手の文化の美しさを吸収して積み上げていくというのが、家庭の美しさだと思うんですよ。そういう美しさの手がかりに言葉があって、歌があって、語りがあって、それを見て子どもの命は大きく伸びていくのではないかと思った次第でございます。

庄司明淑さんという山形県の外国人花嫁が東京にいらっしゃると、私は必ず大久保の街を案内していただくのです。そして、焼き肉を食べたりキムチを買ったりしてショッピングをする。韓国の文化を考えるのに、この新宿は、私にとって大変ありがたいところでございます。今日は新宿とのご縁をいただいて、本当にお礼を申し上げたいと思います。

石井　新しいタイプの男性が生まれつつあるというのは、本当にその通りです。今日の参加者はやはり女性が多いのですが、この次に開くときは是非男性も連れてきていただいて、しっかり勉強させる（笑い）ことが必要だなと感じました。

では小山内さん。

七　古いものの価値を見つける

小山内　最後っていうのは、ほんと損ですね。先の方が肝心なこと述べられたあとで、何言っていいかわからなくなりました。私はときどき、お友達から電話が来るとね、「私、今怒ってんだからね」て言います。「何に怒ってんの？」「世の中によ」って、皆さんそういう気持ちにおなりになったことありません。殺伐としたニュースや、不幸な話があり過ぎますでしょ。

そういうとき、私を癒してくれるのは、私が小学生のときから女学校卒業するまで通った通学路の田んぼの中の一本道での思い出。ほとんど独りぼっちの登下校で、野の花や四季の風景が友達でした。あの出会いがなかったら、自分の今の心の色彩というのはどうなっているのかと思います。あの小さいときに出会った自然との関わりが、今の私の心の色彩、自然からの子守唄に代わる贈り物になっていたというふうに更《あらた》めて今思うんです。

古いものの中には否定しなければならないものもあります。けれども見つめ直したり、掘り起こしたりして後世に語り継がなければならないものが我々の身辺にも沢山あるはずで、継承は次代への責務の一つに思います。その中の一つに、方言がありますね。女学校のクラス会なんかで帰ると、皆さんが、「あら、よく来てくれたわねぇ」って標準語で言われるんですね。そしたら「くっさい」、もちろん来ますともって方言で応えるんですよね。そうしたら、「あら、あなた、よく方言を忘れていないわね」て言われて、「忘れるわけなかよ。方言はその土地の文化遺産、何であなたたちはそれを守らないの。是非お願いだから方言を大事に育てて頂戴」って、念を押してお願いしてくるんです。

更に、昨今何故ひきこもりが多いのか。この間、荻窪で出口を間違えてちょっと変なとこへ出たんですね。途中で大学生みたいな人に会って、道をご存じかなと思って、「ここら辺の道、詳しいんですか」って聞いたら、教えたくないっていうんでもなく、知らないでもなく、私が何を言ってるのかって、キョトンとしたような顔をされるんです。それでびっくりして、会場に着いてからそのことを話したら、「あなたご存じないの。最近の若者はね、会話ができないのよ。長い話ができないのよ」って、そういうことを言われたんです。それは、ひきこもり現象と深い係りがある社会問題だと思うんです。

私、ロシアへ行って、いろんなお友だちと話したときに、これは政治家が偉いのだと思いますが、「現状分析と先の見通しをしなければいけない」っていうことを、ロシアの人はよく言われているんですよね。政治家は、「とにかく何でもいいから、みんな出てきて話し合わなきゃならない。それも一つの社会参加だから」って奨励するんです。ロシアの人は一応公務員で、年金をもらいますから、郵便局や何かに勤めている人たちなんかっていうのとは年金額は低く違うんですけれど、家庭の主婦でも、勤めてなくても年金があるんですよね。だから、一応社会のために働かなきゃいけない、一日の何時間かは公益の仕事や何かにつくために出なきゃいけないんですね。それで公園の仕事をしたり、道の掃除をしたりして、そういう集まりで、結局、「人間と人間が話し合わなきゃいけない」っていうことが、世の中に浸透しているんですね。だから、私はかれこれ三〇年にわたって何回かロシアに行っていますが、その顕著な進歩っていうようなものを私なりに感じさせられました。そういうことはとても大事だって思うんですけど、今の日本の政治家の多くは、自分たち本意で、国民の方を見てないっていうような気がするんですけど。それにはどうしたらいいのか。やっぱり、私たちは自分たちの意識を高めて、選挙で反映するしかないんじゃないかって思います。

何となく散漫な話になりますが、トルコに行って、私が感動した話をしましょう。トルコに行ったときに、酒場みたいなとこに行ったんです。代金は小さな箱が回ってくるだけなんです。ワインか何か飲んで、七〇円ぐらいなんです。お店の女主人は長靴を履いて、地下室へ行って、ワインを持ってきて、「今日一日自分が生きられて、皆さんがこうやって楽しんでくださればそれで充分です」って言って、本当に奉仕してくださるんですね。それで、言葉も充分に通じないけれども、「日本人っていうのは、着ないドレスをタンスにしまってるんですって」て言うんです。それはどうも和服のことらしいんです。だから、「そうだ」と話すと、「勿体ない。我々はこの着のみ着のままだ」って言うんです。お友だちが死んだら、自分たちは仕事もないから病院に行って手を握って、「来世もまた友だちになろうね」て言って送ってあげる。「お葬式なんかも、洋服の上に黒いベールを被って行って、みんなでやってあげる」、そういう話をしていただいたんですね。私、帰ってからいろんな友だちにその話をして、「病院に行っていろんな手当をしてもらうのとどっちがいい」って言うと、「こっちがいい」て、みんな言うんですよね。誰しも、人間の愛情という心の通い合いを、求めているのですね。結局、人はどういうふうに生きるかっていうようなことが一番肝心な問題だと思うんですね。

例えば、今、女社会だっていいますけれど、世のなかには男と女しかいません。だから、私は男性には女性に必要な相棒になってもらいたいと思います。一番大事にしなきゃいけない存在です。男の人はどちらかっていうと家庭ではちょっと威張っていますよね。でも、奥さんが病気になったりすると、今まで家事など何もやったことのないような男の人が、まめまめしく奥さんの世話をして、いろいろ面倒をみる人と、一方では、お金があるから人手に頼んで病院に入れたりする人といますけれど、どうしてそういうふうに分かれるんでしょうね（笑い）。いや、ほんとに私、疑問に思います。でも、それは長年のお互いの生き方がもたらす姿なのかもしれませんね。

昔の人は、学校に行ってなくて学問はしてなくても、生活の中に哲学みたいなものがあったと思うんですね。私、父に聞いた話ですけどね、「昔の人はしみじみ偉かった」ってことを、いろいろ話をしてくれるんですね。水道などなかった頃には、どこも川端が生活の場でした。家が川に面して建ってるんですね。魚がいっぱい泳いできたときにね、お婆さんたちが竿竹を持ってきて、「飯泥棒あっち行け、あっち行け」って、魚を追い払ったって。「なんで」って聞いたら、「お魚をおかずに食べると御飯をたくさん食べるから、お米が減るから」って言うんですね。ならば、「そのお魚はただだから、ただで獲ったお魚をいっぱい食べればいいじゃない」って、私が言ったんですよね。そしたら、「魚だけじゃ労働力にはならん。だが、それぱかりじゃない。ただで物を得られるっていうことを覚えたら、勤労意欲がなくなる。それ故に、お婆さんたちはそうしたんだ。昔のお婆さんたちは学問はなくても、そういう生活の知恵を培ってきた」って言うんですね。私はそれを子どものときに聞いて、今でも忘れられないんですよね。

それから、「佐賀の人っていうのは、どちらかというとケチで、つましい」って言うんですよね。それは他県の人が悪く言うような言い方ですけれど、そのつましさにも愛情がつきまとっているんですね。だから、野良着でも何でも、古くなったのでも捨ててしまわないで、ちゃんと洗濯をしてとって置くんです。そして今、五〇年、一〇〇年後に、それが大層貴重なものになって、それをある人が集めて、武雄《たけお》で布の美術館をやっているんです。そこへ、日本のその道の権威の方が見えて、「この美術館は日本の五指に入る」って。それは、ご主人やご主人のお父様に協力してもらって、納屋を美術館みたいに改築して、集められた古い布地を、一般にも開放されています。その人は、「私がこれをしたかもしれないけど、私だけの力じゃなくて古いものを慈《いつく》しんで保存してくれていた佐賀女のつましさのお陰です」って言われました。

八　五感に訴えるものが大切

石井　生きる知恵を教えられたことは、とても大事なことです。どこでどういう生き方を親が子どもたちに教えるのか、自分の子じゃなくても、地域の子どもに教えるのかというのは、教育の問題です。柳田国男は民俗学を通して、「教育の究極的な目的はよき選挙民を作ることだ」と言いました。実は、民主主義というのはものすごく怖いもので、多数決の論理で決まってゆくのは、一見平等なように見えるだけに危険なのだと考えています。今の政治はそうしたことにまったく無自覚であり、民主主義が腐敗していると感じるのは、私だけではないでしょう。

　今、壇上で盛り上がってしまっていますが、一つの方向で話が深められていません。あまりたくさんのご質問は受けられないと思いますが、せっかく大雨の中をお越しくださいましたので、ご意見やご質問があれば承りたいと思います。

柴田　私、柴田と申します。先ほど野村先生が「新しい男ができた」って大変褒めてくださったんですけども、私も山形の田舎人でございます。野村先生に、「韓国語を聞いてください」って言った意味は、こうです。韓国語には母音が一〇個あります。日本語は、今、あいうえおの五個ですよね。ところが、昔は七個ありました。それが、天武天皇が宗教的なこともあったと思うんですけども、二個を取りやめたということで、消滅してしまいました。しかし、韓国はまだ基本的な母音が一〇個あります。それで、韓国語をしゃべるとですね、ドミソの和音なんですよ。ドミソの和音っていうのは、風の音とよく似ています。野村先生がすごく寂しがってるときに、「うちの女房の韓国語を聞きなさい」と言ったのは、そういう意味です。

　ところで、今日は子守唄と民話ということですので、私も生活に追われて仕事が忙しくて、なかなかこういう機会に来れないんですけれども、いつも思うんです。子守唄も民話も、中を説いてみますと、結局、当時の権力者及び生活に対しての批判というものが多いですよね。ただ子守唄と民話で絶対離れないってものは何かと言いますと、先ほど野村敬子先生が言った音だと思います。それから、「『おさない』と言っても、年取っています」って言われた小山内さん、この心が大切だと思うんですよ。だから、今、柳田国男先生や姜尚中さんが、年を取って自分のお母さんのことを思うのは、やはり自分が腹の中にいたときに関係するはずです。三〇〇日近く腹の中にいたら、自分に伝わってくるのは音しかありません。ていうことは、その音に対しての懐かしさが子守唄として残って、その音に懐かしさが出てくると思います。年を取ると人間っていうのは子どもになるそうです。その子どもになれたら、母親の音を求めて懐かしむのだと私は思います。

　私は、今日は壇上におられる先生方に問いたいと思います。先ほど、研究者たちが民話を持ち帰って自分のところに置いて、地方に返さないと言っていました。やはり、子守唄も民話も地方で育って成長するのがそれぞれだと思います。近代化があって、民話は本を読めば見れる、歌は子守唄じゃなくてもいろいろな曲が流行ってくる。今、教育にも道徳っていう科目はありません。どういうふうにして、地方にそれを戻していくのか、そういうところを先生方に問いたいと思います。

西舘　私は、音だけではないと思ってます。残るものは五感だと思います。つまり、理屈とか学問とかではなくて、五感に訴えるものを、子どもたちにどうやって伝えるかということです。それから、さっきおっしゃいましたけれども、子守唄や民話に批判的なものがあるっていうのは、これは人間が持っている批判性の中では絶対大事です。それだけではないです。やっぱり五感に訴える日頃の教育っていうのが一番大事なんだけれど、これが現代まったく欠落しています。

　第一、地方が「保存しよう」って言っても、地方の特色を持っているものがどんどんなくなっているんですよ。日本文化の中で地方色がはっきりしているっていうことは大事なことですが、生活の中からじゃ、正直なところ、無理ですよね。やっぱりどなたかがきちんと集めなきゃいけない。実際に集めてる方はいっぱいいるんですよ。でも、今度の震災で流されてしまったこともありますし、あるいは家族を犠牲にして、経済的にも逼迫《ひっぱく》する中で資料を集めた人は、後は恨みになって、その人が死んじゃうと、なくなってるっていうのが現状です。だいたい旦那が真剣に集めたものは、旦那が死ねば奥さんが捨てます。実は、それが現状なんです。私は、やっぱり、おっしゃったように、個人の教育にかかってきている。個人が何を大事にするかっていうことを一人一人が今見直さない限り、無理なんじゃないだろうか。でも残すものがあれば、残す人の手によって残されていくんじゃないだろうかっていうことしか、絶望的なんだけれど、言えないんですよね。

　どこの街に行ったって、その土地の匂いなんかもうないじゃないですか。どこも同じ駅舎が建っている。そこで、日本文化を何だと思っているんだということを考えるとき、本当に絶望的になってしまう。私が生きてる限りは、子守唄を各地で残したいと思ってますが、それが無駄でなければ、誰かが受け継いでいくだろうっていうふうにしか思ってないんですけど、どうですか。

九　声の文化の保存と書き残す重要性

野村　私は、こんなに豊かな日本になって、金持ち日本だそうですから、「国立の図書館があるんだったら、口承のミュージアムというものを作ったらいいのに」と、ずっと願いつづけてきたんです。人は、命に限りがありますから、その人の財産である伝承文化というものは潰《つい》えてしまう。それを少しでもフォローするのが継承者ですよね。人間が人間にずうっとつなげてきたのであって、例えば、室町時代物語の中にある

「瓜子姫」も、今にずうっとつながっている。というのは、人が人の文化を受け継ぐことが基本であろうと思うんですよね。そして死んだ人の個性というのがありますから、私はビデオで村おこしを一回やったことがあります。動態保存をして、ばあちゃんの法事のとき、「ばあちゃんの顔見ていくかな」とビデオを押すと、そこから映像が出てくるっていうのが残っております。残念ながら、行政サイドでやりましたら、トップが代わりますと、くるっと変わります。やはり、今おっしゃったように、もっと強力に声の文化の存続ということを本気で考えていく必要があります。そして、常設の口承文芸館というのが、私はあっていいと思う。図書館の先生に申し訳ないんですけど、図書館で見る民話というのは、あれは民話の本でしかない。本当の民話というのは声ですから。子守唄も一緒です。人間が人間につなげていくものですから、そういった動態保存というものを片方で本気で考えていく。国立の資料館がいっぱいありますから、そろそろ新宿区辺りで、国際民話も含めて、保存継承のその一つのステーションが欲しいと思う。今のようなご意見を出していただきますと、大変励みになりますね。

石井　せっかくですから、小山内さんも。

小山内　主人の父が三二歳のときに、一人で世界を回って、いろんな演劇を集めて勉強したんですね。で、主人が、僕も三二歳の若者にかえって、父の跡をたどりたいと思っていましたけれども、それを果たさないで亡くなってしまったんです。それで、私は主人や主人の母と一緒に住んで、本当にいろんなお世話になって、良い思い出を作っていただいたので、御恩返しに、私が代わってやろうと思って、一〇年かかってやりました。世界をいろいろ回って、いろんな人に会って、資料を集めたんです。既に研究者によって本に載ってることなどは、多くの方が知ってらっしゃるけれど、ほんのちょっとした一行の些細な話から切り込んでいくことに、かくれた大事なことがあるんですね。だから皆様も、どんな部分でもいいから、やっぱり書き残しておけば、一〇〇年後に役に立つかもしれない。役立たないかもしれないけれども、そういうことがいかに大事かってことを痛感しました。

私事になりますけれども、結婚して、主人に、「あなたはこれからの人生に何をやりたいと思うんですか」って聞かれたときに、「私ね、小学生のときから、自分の花物語を書きたいと思っているのよ」って言ったら、「それはなかなかいいことだ。是非やりなさい」って言ったんです。「でも、単なる花物語じゃつまらないよ。自分の人生が書けていなければ駄目だよ」と言われたんですね。「でも、自分の人生なんて、そんな大層なこと書けないわ」って言ったら、「書ける書けないの問題じゃない。いかに生きるかっていうことが肝心なことなんだよ」って言われたんです。それで主人を送りましてから、もう三〇何年になりますけれど、なかなか書けないんですね。今に書く今に書くって思って、三〇何年過ぎてしまっていました。

去年、ちょっと手術をして入院したときに、カルテを見たんです。自分の年に初めて気がついたんですよね。それで、こんなになってたのか、こりゃ書かなきゃと思って、去年書きはじめて、いろんな花にまつわる思い出に自分を重ねて書いたんです。でも、最後の夫との花物語のとこだけが書けなくて、私にとっては未知の花ジャカランダを、オーストラリアに見に行ったんです。そして、その花に助けられて、やっと書きあがりました。

念ずれば何かじゃないけれど、やっぱり最後まで忘れないで持ち続けるっていうことですね。それから、私が書いたものが及第してるかどうか、「こんなの駄目。書き直しなさい」って主人に言われるかもしれない。「書き直せ」って言われたら、もう何十ぺんでも書き直したいっていう気持ちはあります。そういうわけで、やっぱり生きるっていうことは本当に大事なことだなぁって思いました。

石井　補足をしますと、小山内さんのご主人というは平和運動家であり、そのお父様は近代演劇の開拓者である小山内薫です。

一〇　思いを子守唄にすればいい

石井　時間が押してますが、あとお一人だけお受けしたいと思います。

発言者不明　子守唄が消えかけているという現実の中で、古い子守唄でなければ歌ってはいけないと思っている若いお母様たちが、けっこう私の周りにはおりましてね。で、私は、「知ってる歌なら何だって歌えばいいし、知ってる歌で子どもさんと接していることが大事なのよ」とかなんとか言っている絵本ボランティアのおばさんなんです。こういうことをすると、子守唄人口っていうか、間口が広がるんじゃないかなと思いつつ、私の友人は、「子どもをずっと堀内孝雄ばっかりで育てた」って言ってましてね。それから、私が覚えきれないようなカタカナの仲間の人たちばっかりで育てた。よしよしそれもありだよ、子どもを放ったらかすよりいいよと思うんですけど、そうなると、古い子守唄の人たちと乖離《かいり》してしまうんじゃないかなって思うのです。そこらへんのところを、ちょっと教えていただければ、またこれから私がアドバイスできるんじゃないかなと思っています。よろしくお願いいたします。

西舘　子守唄といいますけれども、子守唄に二つあって、親が本当に子どもを眠らそうと思って、愛情をもって歌う子守唄と、皆さんがよくご存じの「五木の子守唄」とか、「竹田の子守唄」とか、子守娘が自分の気持ちを慰めるために歌う子守唄があって、ずっと歴史上から今につながっております。ただ、「五木の子守唄」を今歌っても、その内容をわかって歌っている人はいないと思います。

そして、私たち子守唄の伝承をしようとしている人たちの罪でもあると思うんですけれども、その中のエキスは女の人の知恵であり、したたかさであり、ユーモアであり、愛情であり、たくさんのものを持っているんですよ。今みたいに音楽がいろんな形であるとすれば、その子が歌われた子守唄をまた歌うっていうこともある一方で、子守唄という名前はつかなくても、童謡、唱歌、軍歌、わらべ歌、流行歌でも、子守唄といえるものはくらしの全ての中に多くあると思います。

子守唄の基本であれば、即興で何でも子守唄になるっていうふうに覚えていればいいと思います。「ああ今日は大雨だった。でも、新宿まで行かなきゃいけなかったのよね。ねんねんよ」でも、立派な子守唄になります。私はそういうバリエーションの多さを使いこんできたことが、女の人の本能的な知恵だと思うんですよ。今、若いお母さんに、「何でもいいのよ。あなたがこの子に歌ってあげて。あなたの気持ちでいいの」て言います。旦那さんが心配なら、「今日あの人どこへ行ってんだろう。新宿のゴールデン街かしら。よしよし」って言ってるうちに自らが慰められるものです。

子守唄がいいのは、歌われるのと歌ってるのが両情一致になるんですよ。歌われている子どもは、それによって五感をもらって安心する。肌からね。歌う方は、歌っているうちに気持ちが解放される。こういうものがいっぱいあるんだよっていうことを教えてあげたいっていうことで、台東区では子守唄教室をやって、もう四年続いているんです。最初は、若いお母さんが目を吊り上げて、「私たち古い歌なんか歌いたくないんです」って来ましたが、今、お父さんとお祖母ちゃんと来てます。最初一〇人やっと集めて始めた教室が、今二五〇人いるんです。それで、「歌って、あなた変わりましたか。子育て変わりましたか」って聞くと、若いお母さんが、「はい、子どもがかわいくなった。でも、何で変わらんなきゃいけないんですか」って。それはやっぱり、さっきから先生方がおっしゃってるように、「人が人でしか教えられないものってあるんですよ」ていうことを、今日いらっしゃっている年代が伝えてあげなければ、ここで終わってしまうんじゃないか。私たちがもう一度みんなに伝えていってもいい時代が来てるんじゃないかなと思っております。

無意識に聞いた歌は瞬間に命とぶつかったときに生き返ってくる。生に歌われた歌は結局、子守唄を通じて最後は「親守唄」になってくる。イクメンの男性は多分、親から子守唄を聞いているはずです。また、きっとしっかりと抱かれて育ったはずです。その記憶が無意識に次世代につながれている。「歌は口の端に出てくる言葉であり、リズムであり、心ですから、是非どんなことでもいいから歌って、赤ちゃんと接してほしい」てみんなに教えてあげてください。お願いします。

一一　子守唄と民話は生きる原点

石井　それでは、時間が押していますので、西舘さん、今の話にもう一つ補足してくださることがあれば、最後のまとめに。

西舘　人が生きるっていうことは、人と関わることが基本だと思います。関わるっていうことは、やっぱり自分の人生をぶつけることなんじゃないか。そういうことを大人がやってあげない。「今の子どもは」ていう台詞を、私たちは言っちゃいけないんです。そうしたのは私たちなんだと思うと、関わることの大切さの中に歌やお話があるんだ、ということを体から教えてあげたい。そこから出発だと私は思っています。

石井　では、野村さん、お願いします。

野村　今、世の中戦争含みでございますけれども、戦争から帰ってきた方に、靖国神社に行って、「どうして生き残ってきたか」って聞きました。一九四五年以前ですから、悪い時代ですよね。でも、「戦場に行ったときに、軍隊の言葉を手放して、ふるさとの言葉でみんなで昔語りをしてきた」という、雪部隊三八連隊の方々の話を聞きました。加藤大介たちは「南の島に雪が降る」という演劇をやって、軍隊の言葉を手放した。牽制され管理される言葉というのは人を殺すんですね。その制度の中で人は死んでいく。だけど、「おらたちは、もうここまで来たら、食い物もない、薬もない。みんなマラリアで震えながら寝ている。じゃあ、昔話語っぺぇ」って言って、上官も下士官もみんな一緒になって、「昔あっけどなあ」と語り出してって、お前、「うんと言え」と相槌を打たせて、「うん」と言って、そして夜明けを待っていた。その聞き取りのときに、伝令に出ていった兵隊がお祖母さんの「姨捨山」を思い出して、パラオの木に大きな刀傷を付けた。お祖母さんの柴折りを思い出して、伝令を果たして生き返ってきたという昔話的な兵隊の世界を知りました。

それは、極限状態といっていいと思います。しかし、現在の子どもたちは世の中で極限状態に向かっていることがあるんじゃないか。子どもが委縮して閉じこもったり、出過ぎたり、吹っ飛んで歩いたり、人を傷つけたり、腹を刺してみたり、いろんなことをしたと新聞に出ています。その極限状態にあるときに、兵隊は、昔、家でじいちゃんとばあちゃんと、おとっつあんとおっかさんが語ってくれた話を思い出して、みんなで命を守ってきた。昔話の歴史の中で、これほど不幸なことはありません。しかし、これほどすごいことはない。

今の子どもたちは、生きることに本当に苦労していると思います。私は、子ども時代なんにも勉強しないで、朝から晩まで鳥海山《ちょうかいさん》を見ながら遊んで暮らして、楽しかったですねぇ。今は「勉強、勉強」と言われて、そういう時代は持てないようです。ですから、「子ども時代の福分」ということを考えたいですね。困難を乗り切っていくために必ず得られる福分。私たちは大人として、赤ちゃんの時代から、子どもに極限状態を生きのびる力を与えなきゃいけない。それは、お伽話の伽ということであると、折口先生のものを読んで知りました。お伽話を語るっていうのは、そういう極限状態を守ってあげる話だったんですね。ですから、今の世の中ね、本当に大切なのは、子どもを守る語りと子守唄ですよ。その守るための声には、上手も下手もない。真剣であればよろしい。語りとか歌の上手下手というのは大人の基準でしかないと思います。私も小山内さんに続いて、婆さんです。ですから、遺言だと思ってください。どうぞ皆さん、子どもが現代の厳しさを乗り越える力を、家庭の子守唄と語りの力で何とかしていただきたい。これは蛇足の蛇足かもしれませんが、申しあげます。

石井　小山内さん、締めてください。

小山内　締めるって難しいですねぇ。先ほどおっしゃったように、右と左に別れるのは、子守唄を歌ってもらったか、もらわなかったかという、それぐらいの差があるとおっしゃったのは、つまり、私は愛情の問題だと思います。今、大人の中でも、愛情をかけられた人と愛情に恵まれずに来た人というのは、ただ単に接していても、曰く言い難く違うんですね。どんな形であれ、愛情は人を心豊かにしてくれるものだと思います。皆さんも、心底愛情を大事になさって育て係り続けてくださいませ。

石井　今日は、三人の方々がそれぞれの熱いメッセージを語ってくださいました。子育てのみならず、社会の原点に、子守唄と民話を置いてみたい。その願いを共有できたかなと思います。今日を初めの一歩にして、次の機会を考えたいと思います。今日は女の会みたいな形になりましたけれども、たいへん嬉しい催しでした。

今年は震災があって、今年の流行語の一つは「絆」でしょう。こうして雨の中にもかかわらず、ご縁を結んでくださいましたので、この縁をつないでいただければというふうに思います。今日の記録は、三弥井書店から『子守唄と民話』と題して刊行しますので、是非お読みください。これにて閉会にいたします。どうもありがとうございました（拍手）。

付記　参加者のご意見とご質問も組み入れましたが、お名前が確認できなかった場合があります。発言の内容についての校正をお願いできなかったことを記してお詫びとします（石井）。

第二部
子守唄と民話に寄せて

小宝島のゆりかご（鹿児島県）

上・左　柳田国男監修『日本民俗図録』より

子守り（東京都伊豆新島）

エッセイ

昔話と子守歌

小池ゆみ子

子どもを寝かせる時に、昔話を読んだり聞かせたりした後に、子どもの名前を入れて「○○ちゃんは良い子だねんねしな」と子守歌を何回も歌っているうちに、ちいさな寝息が聞こえてきた、という経験は多くの人にあることでしょう。

ところで、わが国で広く親しまれている昔話の中には、子守歌が歌われる話があります。

早く三つになったなら　天の羽衣着せんべ
ねんねこや　おんぼこや

この子守歌は宮城県の「天人女房」の中で、子どもを負ぶった父親が、子どもを寝かせつける時に歌っています。けれども昔話の中の子守歌は、寝かせる為だけに歌われるのではありません。それでは、一体どのような役目があるのでしょうか。「天人女房」の他には「子守り唄内通」、「難題婿」、「いたちの新開田《しんがいだ》」などに子守歌が歌われています。一体どのような歌なのでしょう。誰が歌い、それを誰が聞いたのでしょう。子守歌が物語の中でどのように使われているのでしょうか。まず、話の内容を紹介しましょう。

命拾いをさせる子守歌

「子守り唄内通」はつぎのような話です。

旅の僧が宿に泊まると、夜、婆が歌う子守歌が聞こえてきます。

りーんがじんと　ががじんとー　だんずることを
もんすればー　りょそうをせっすと　ぐんだん
すー　くさにそうこうなきときはー　やんまとや
んまをかさねべじー（宮城）

僧は謎のような歌を聞いているうちに、歌の意味に気がつきます。子守歌の意味は、隣家の人とわが家の人が相談しているのを聞くと、旅の僧を殺すとみんなで相談をしている、草の草冠をとれば早く、山と山を重ねるは出るようにという意味です。僧は急いで逃げ出して命拾いをします。

恐ろしいことが起こるかもしれないという場面での子守歌は、非常に印象的です。夜、家の者達に気づかれずに危険を知らせるのには、子守歌がうってつけといえましょう。この子守歌は泊り客へ危険を知らせ、悪事を露見させる役目があります。

難題解決を助けた子守歌

「難題婿」のひとつ、山形県の「娘の助言」を紹介します。

長者の一人娘の婿になる若者は、難題を解決しなくてはなりません。一つは、長者が煙草《たばこ》三服喫《の》む間に、蔵の中の千挺《せんちょう》の鍬鉉《しゅうげん》を数えることですが、だれもやり遂げられません。ある時、若者がやって来ます。娘はその若者が気に入ったのでしょう。思案している若者に、娘が赤ん坊を背負い、裏口で子守歌を歌います。

千挺の鍬鉉数えるにぁ　ど
一挺ど二挺で三挺だぞ
三挺ど七挺で十挺だぞ
十ずつ十では百だぞや
百ずつ十では千だぞやーぁ
ほら寝ろ　寝ろ　寝ろ　寝ろ
ほら寝ろやぁ

これを聞いた若者は、長者が煙草を一服も喫《す》わぬうちに、「一個と二個で三個。三個と七個で十個だ。十ずつ十で百。百ずつ十で千だ」と答えます。二つ目の難題は、千刈《せんかり》外表《ともて》の畦《くろ》を烏の足跡がつかないように塗ることです。再び娘が歌う子守歌が聞こえてきます。

千刈ともでの畦塗るにぁ　ど
朝下りすねうず　畦削れ　ど
昼上りすなえで　土くっつけろちゃ　ど
夜上りする前に　さっさらさっと
なでてこえちゃ　やぁ　ど
ほうすれぁ　烏こ　跡こつけねけど　やぁ
ほれ　寝ろ　寝ろ　寝ろ　寝ろ
ほれ　寝ろちゃぁ

若者は子守歌の通りに、烏の足跡をつけず、千刈外表の畦を塗り終えることが出来ました。三つ目の難題は、裏山からどんころ（丸太）を降ろすことです。娘はどんころが張りぼてだ、と歌います。

裏の山のどんころは
紙で張ったるどんころだぞ
なんぼ転んできても
おかぬぐなえぞなぁ
早う寝ろ　寝ろやぁ

長者の婿には財産管理能力、知恵、度胸の三つが必要です。娘が歌う子守歌のおかげで、若者は難題を解くことができ、長者の婿におさまります。

この子守歌には難題解決の役目があります。

ここまでの話は、子守歌が悪事を露見させる、難題を解決するという役目がありました。子守歌は大切なことを伝えるメッセージだったのです。

羽衣の隠し場所がわかる子守歌

子守歌によって偶然秘密が明かされる話があります。「天人女房」の話の全てに、子守歌が歌われてはいませんが、冒頭に紹介した話のように、夫が歌ったり、子どもが歌ったりする話があります。

天の女は沼で水浴びをしている間に、飛びぎぬを男に取られて天へ帰れなくなります。そこでその男の妻になり、子どもが三人生まれます。しかし、天の女は男が隠した飛びぎぬを見つけることはできません。ある日、天の女が、上の二人に子守りを頼み仕事に出かけます。その間に末の子を背負った子が子守歌を歌います。

いよいほらほら泣くなよ

父がもどれば好いもんくれろ
四つ柱　六つ柱　つきあけてつきあけて
粟《あわ》まるき米まるき　うしやげらに
飛ぎぬやら舞ぎぬ　とってくれろ（沖縄）

この子守歌を偶然聞いた天の女は、飛びぎぬが、高倉の中の粟束や米束の中に隠されていることを知ります。天の女は、見つけ出した飛びぎぬを身につけると、子どもたちを連れて天へ帰ってしまいます。その後、男は苦労の末に天の女と再会して、天の川や星の由来話へと続きます。

上の子があやす為に歌っている子守歌には、飛びぎぬの隠し場所を明らかにする役目があります。そして、この子守歌によって話は次の局面へと展開していきます。

粟餅を食べた犯人は

「いたちの新開田」の話は一般に「いたちとねずみ」といわれる昔話です。

いたちが新しく開墾した田んぼで粟をつくります。ところが、実った粟を刈りに行くと、粟はすっかりなくなっています。いたちは粟を盗んだ犯人を探しますが、一向にわかりません。歩いていると、子ねずみが赤ん坊を背負い子守歌を歌っています。

かかあ　かかあ
ゆんべなの　粟もち
まあひとつ　くれえ（新潟）

この子守歌を偶然聞いたいたちが、ねずみの穴へ行くと、あずきがついた粟餅がたくさんあります。いたちは粟を刈ったのは、ねずみだとわかり、ねずみの歯をのこぎりで切りますが、母親ねずみが、上の歯と下の歯を二枚ずつ残してほしいと頼みます。そのために、ねずみの歯は上下二本ずつしかない、という由来話になっています。

子ねずみが歌う子守歌は、いたちに作物を盗んだ犯人を知らせるという役目があります。

名前の判明

次に「大工と鬼六《おにろく》」を取り上げます。この話の中で歌われるのは、わらべ歌と考えられますが、歌が偶然秘密を明かすという点で、「天人女房」と「いたちの新開田」に類する話です。

村人に大川の橋架けを頼まれた大工は、川端へ行き思案していると、鬼が水面に現れて、目玉をよこせば橋を架けてやるといいます。大工はどうでもよいといって帰るのですが、翌日、川へ行くと、橋は半分まで造られていて、つぎの日には橋が完成しています。鬼は大工に目玉をよこせと迫りますが、大工はしばらくの猶予をもらい、あてもなく山の方へ行きます。すると、遠くから鬼の子どもたちが歌う歌が聞こえてきます。

早く鬼六ア　眼玉ア　持って来ばア　ええなアー

（岩手）

翌日、大工が川へ行くと、鬼が出てきて目玉をよこすのが嫌なら、自分の名前を当てろと迫ります。大工はわざと違う名前を数回答え、最後に「鬼六ッ」と叫ぶと、鬼の姿は消えます。

鬼の子どもたちは、誰かになにかを伝えようとして歌っていたのではありません。大工は偶然聞いた歌から、鬼の名前を知ることになります。歌には名前を伝える役目があり、この歌が話をクライマックスへと導いていきます。

ここまでは、昔話の中で歌われる子守歌が、大切なメッセージを伝えたり、話を次の局面へと展開させることをお話しました。

地域の遺産としての子守歌は、いま

子どもをあやしたり、寝かせつけたりする子守歌の中には、地域に伝えられている伝説や昔話と結びついている歌があります。このような子守歌の中から「ねんね根来《ねごろ》の」、「向こうの山ぁ猿が三匹通るが」、「せんどのやんま」を紹介します。

「ねんね根来の」は和歌山県に伝わる子守歌です。岩出《いわで》市にある根来寺に伝わる伝説をふまえています。歌詞を紹介します。

ねんね根来の　かくばん山でよ
としより来いよの　鳩が鳴くよ
ねんね根来に　行きたいけれどよ
川がおそろし　紀の川がよ
さんさ坂本　室谷《むろや》の娘よ
嫁入りしたそな　住持池《じゅうじいけ》よ
ねんね根来の　夜鳴る鐘はよ
一里きこえて　二里ひびくよ

（那賀郡貴志川町神戸[1]）

根来寺は、新義真言宗の総本山で覚鑁《かくばん》上人により建立されましたが、四〇〇年前の天正の頃、豊臣秀吉の根来寺攻めで、ほとんど焼失したといわれています。歌中の「としより」は徳川方に援勢を願うために、あえて東照君を示すという説もあるようです。

「さんさ坂本」から始まる第三節からは、次のような伝説をふまえています。豪家の一人娘桂は、小野小町そっくりな美人で、住持池の水でなければ髪を梳《す》くことができなかったといいます。年頃になると、毎晩美男が枕元に現れて、どこかへ消えていきました。桂が北面の武士に嫁ぐ日、住持池の堤にさしかかると、一天にわかにかきくもり、雷鳴と共に、池の中から美男と化した蛇が現れ、桂姫を奪っていったといいます。

この歌の採譜をみると、さまざまなバリエーションがあります。県内の多くの方々が歌っているようです。また、地元のお年寄りの歌声が、インターネットで配信されています。

和歌山県出身で、東京小平市に住む矢部敦子さんは、ご自分の子育ての中で、お祖母さんから聴いた昔話を語り始め、現在は耳から覚えた昔話を、さまざまな場で語っている方です。そうした場で「根来の子守歌」を歌うこともあります。正調節ではないとのことですが、矢部さんの歌は、穏やかで静かな旋律です。

子守歌「ねんね根来の」は、矢部敦子さんの生の声で、和歌山県を離れても大切に歌い継がれています。

「向こうの山ぁ猿が三匹通るが」は山陰地方に伝わる子守歌です。「猿が三匹」という島根県の笑い話とかかわっています。歌詞を紹介します。

向こうの山ぁ猿が三匹通るが
後の猿ももの知らず
先の猿ももの知らず
いっち中の子猿がようもの知って
銭を一文拾うて
イワシを一こん買うて食うたれば
あんまり塩が辛うて
沖の淵ぃ飛び込んで
水ぅ三杯飲んだれば
あんまり腹が太うて
仏棚へ上がって　屁をプリプリひったれば
いかい仏は泣きゃぁる
細い仏は笑やぁる
笑やんな　泣きゃんな
十日の市にはピイピイ買うてまいしょ

（島根県鹿足郡柿木村[2]）

子どもたちに馴染み深い猿が、三匹も出てくる子守歌で、お話を聴いているようです。この歌は、明治二〇年生まれの方の声でCDに収録されています。

五〇年以上、古老からの言語伝承を収録されてこられた、元島根大学教授の酒井董美《ただよし》先生は、「猿が三匹」との関係について、この子守歌を「何種類も聞いており、メロディーをなくしてしまった時に、一種の昔話のように語る人もいたようです」といいます。このような歌は聴き手と共に歌い手の方も楽しんでいると思います。

「せんどのやんま」は、最上《もがみ》地方に伝わる子守歌です。この歌は、すでに「難題解決を助けた子守歌」で紹介した昔話「娘の助言」で歌われる子守歌です。歌詞を紹介します。

ねろねろ　ねろねろ　ねろねろやードー
せんどのやんまの　ドンコロはードー
紙ではったる　ドンコロで
転んできたどて　どでんするなーエー
ねんねろやードー
ねんねろ　ねんねろ　ねんねろやードー
千刈どもでの　畔《くろ》ぬるにゃ
朝まにけずって　昼つけて
からすの夜あがり　みて撫でろ
ねんねろやードー
ねんねろ　ねんねろ　ねんねろやードー
一丁と二丁なら　三丁だべァなードー
三丁と七《しち》丁で　十丁だべァなードー
十丁ずつ十《とお》なら　百丁だべァなードー
ねんねろやードー

（最上郡真室川町安楽城[3]）

「せんどのやんま」は山形県の「難題婿」の中で歌われていますし、日本を代表する子守歌としても歌われています。この地域の方々が、昔話と子守歌をたずさえながら語り継ぎ、歌い継いできたのだと思います。子守歌はCDやDVDに収録されています。CDは柳原書店が制作した『日本のわらべ歌　1』やビクターが制作した『赤ちゃんの子守歌ベスト』などです。DVD『安楽城《あらき》の童唄《わらべうた》』は、山形県真室川《まむろがわ》町教育委員会・安楽城の童唄保存会が制作したものです。「せんどの山のどんころ」という題で地域の方々が歌っています。その中に、昔話の語りと子守歌の共演の一部が収められていることは興味深いです。囲炉裏の前に座る語り手の方は、男が千刈外表《せんかりともて》の畦《くろ》を烏の足跡を付けずに塗る、という難題を出され、途方に暮れているところまで語ると、二人の歌い手の方が「せんーがりーどもーでのーくろおーぬるにゃーあぁ」と、ゆっくり歌い出します。聴き手には小学生の子ども達がいます。目を閉じて聴く男の方、歌に合わせて口ずさみ、身体でリズムをとる女の方もいます。カメラは、世代を越えて囲炉裏に集まっている人達を映し出しています。

『佐藤家の昔話』『昔話の語りと変容』などの著者武田正先生は、山形県内の〝百話クラス〟の昔話の語り手について、「こういう人たちは、またわらべ歌のよき伝承者でもある」(4)と書いています。このような伝承と同時に、私が今回みてきた限り、語りを大切に伝えている地域の方々は、子守歌も大切に歌い継いでいます。それはとりもなおさず、昔話や子守歌が地域の遺産だからです。

そして子守歌は、その地だけではなく、地域を越えて歌われています。生の声はもちろんのこと、CDなどを通して、誰もがどこでも聞き歌うことができます。国内だけではなく、海外で子育てをしている人達や子ども達の耳へ届いていきます。さらに、インターネットで配信されている子守歌も紹介しました。こうして、地域の子守歌は、日本の子守歌として確実に世界へひろがっています。

(1) 中西包夫著『日本わらべ歌全集 17下 和歌山のわらべ歌』柳原書店、一九九一年、一九一頁。
(2) 酒井董美著『山陰のわらべ歌CD付き』三弥井書店、二〇〇四年、一九八頁。
(3) 佐々木昭元・他著『日本わらべ歌全集 3 秋田山形のわらべ歌』柳原書店、一九八一年、三一二頁。
(4) 注3に同じ、一七五頁。

【参考文献】
・石井正己編『昔話にまなぶ環境』三弥井書店、二〇一一年。
・鵜野祐介著『子守唄の原像』久山社、二〇〇九年。
・野村敬子著『語りの廻廊—聴き耳の五十年』瑞木書房、二〇〇八年。
・『子守唄よ、甦れ　別冊　環⑩』藤原書店、二〇〇五年。

エッセイ

昔話にみるオノマトペ

佐藤　晃

山形県の語り手・江口ヨシノさんが語る「花咲か爺」は、こんなふうに始まります。

とんと昔あったずまナァ。ある所に、爺《ずん》つぁと婆《ばん》ちぁ、居《え》だっけど。かい餅こしぇで食って、婆ちゃ、川さ丼洗えに行《え》ったどォ。したれば、川上から赤えこん箱と、白えこん箱が流ってきたっけずまァ。婆ちゃ、

赤えこん箱こっちゃ来え
白えこん箱あっちゃ行げ
赤えこん箱こっちゃ来え
白えこん箱あっちゃ行げ

て、言たど。

したれば、赤えこん箱ぁ、ニコニコって、こっちゃ来たど。白えこん箱ぁ、アーンアーンって、あっちゃ流って行ったどォ。

（江口文四郎編『せんとくの金―江口ヨシノとんと昔七十二話』）

山形県では、「花咲か爺」を「赤い小箱、白い小箱」とか、「くいごこばなし」などと呼ぶ例が多く、この江口さんの語りも、実は「赤いこん箱」と名付けられています。江口さんの語りは、この後、結末部分が、

爺の見事な屁ひりによる成功と隣の爺の失敗という「鳥呑爺」と同じ語りになっている点でも注目されているものですが、引用した部分に見られるオノマトペによる小箱の擬人的な表現は、この小箱から出てくる子犬こそが話の大切な命であることをあたかも示唆するように思えます。

しかも、江口さんの語りは、末尾で、屁こきの真似をして失敗した隣の爺が、「オエーン、オエーン」と泣いて家に帰った、となっています。冒頭の「アーン、アーン」と泣いて去った白い小箱と、あるいは対になるような表現だったかもしれません。

オノマトペが、昔話の語りを彩る重要な表現であることはいうまでもないでしょう。しかも、いわゆる方言で語られる場合は、いっそう地域色と語り手の個性がうかがわれる豊かな表現力を発揮するものです。

「花咲か爺」の話は、山形県では「くいごこばなし」とも呼ばれると言いました。「くいごこ」とは子犬のことです。ところで、山形県の「くいごこばなし」では、この子犬の鳴き声が「くぇん、くぇん」とされる例がほとんどです。これについて、武田正氏は、山形県小国《おぐに》町の語り手の方から、人になついた犬は「わん、わん」とは鳴かずに「くん、くん」と鼻を鳴らすものだと教えられ、それが「くぇん、くぇん」という鳴き声の表現となったとしています。また、さらに「くいごこ」という呼び方もここから来たものかと推測しています。

語源の真相は果たしてどうなのかはわかりませんが、語り手が、こうした了解をしていることそのものに、この話と語り手の結びつきのあり方がうかがわれるように思えます。神の授かり子のごとき子犬の霊的な力、再生する生命力の話として「花咲か爺」がとらえられるとすれば、この子犬に向ける視線は、より親しみを持ったものでなければならなかったのではないでしょうか。これに比べると一般によく知られる「ここ掘れ、ワンワン」は、その点で、ずいぶんと犬を軽く見ているように感じられます。

どうやらオノマトペには、いろいろと読み取れるものがありそうです。以下、山形県に伝えられた昔話資料をもとに、昔話のオノマトペについて見てみましょう。

さて、そこでもう少し「花咲か爺」を例にオノマトペの働きを見てみます。

山形県南陽市の中條ちゑのさんが語られた「花咲か爺」（『置賜平野の昔話（一）』所収）では、「ばさま」が流れてきた赤い小箱を拾います。そして、中から出てきた子犬が、ある日、「ここ掘れ、クェンクェン」と言うので、掘ってみると、金が「ザクザク」と出てきます。そこへ隣から、火をもらいに来た「ばっちゃ」が、真似をして、この子犬を借りて、掘れとも言わないところを掘ったら、「牛のビダ糞」が「びだびだ」と出てきてしまいます。

　このあとも、殺された犬を埋めた後に植えた松の木で作った臼を使って、米をつくと、「また金がザクザク」と出てくるのに、隣の「ばっちゃ」が借りると、「また牛のビダ糞びだびだ」と出て、と語られます。

　そして、最後に、焚かれてしまった臼の灰で花を咲かせる場面では、こう語られます。

その灰で、殿さまに、
「枯木さ花咲かせてみろ」
て言わって、じさま、
　黄金サラサラ　チチラ　スポン　パイン
て、灰撒いたところぁ、枯木さ花咲いたど。こんど
隣のばば、また、
「おれも銭もらって来んべ」
て行ったところぁ、さっぱり花咲かねで、かえってびだびだて出はったもんだから、殿さまにごしゃがって来たど。

　中條さんの「花咲か爺」では、まず、犬を拾ってきたのは「ばさま」です。しかし、その後の行動は、最後の灰撒きは「じさま」だとわかりますが、それ以外は、爺なのか、婆なのか、それとも両方一緒なのかが、語りの中では省略されていてはっきりしません。

　ところが、真似をする隣の人物は「ばっちゃ」「ばば」で、しかも火をもらいに来る、いわゆる「火もらい婆《ばんば》」（囲炉裏の種火を消してしまうような駄目な婆）となっています。そして、子犬の飼い主である爺婆に金がもたらされる様子を「ザクザク」、隣の婆に牛のビダ糞がもたらされるのを「びだびだ」、というように、オノマトペを人物に合わせて対比させています。

　興味深いのは、結末の花を咲かせる場面では、「ザクザク」の方は使われていない（金が出てくるわけではないので使いようがない）のに、隣の婆が真似して失敗すると、「かえってびだびだて」出てきた、と語っていることです。

　おそらく、語り手の意識の中で、隣の婆の愚かさが、この「びだびだ」という表現によって表象化されているために、このような繰り返しによる強調が生まれたと思われます。欲深な〈人真似行為〉というこの話のモティーフと、「火もらい婆」という人物形象が、語りの中で重なったときに、「ザクザク」に対比

された「びだびだ」が、単なる擬態語を超えて、登場人物＝隣の婆（おそらく中條ちゑのさんは、この人物に語りの焦点を置いていると思われます）の性格を表す指標のごとき表現になったのではないでしょうか。オノマトペが、語り手の意識と思いの外に深く結びついていることが知られる例です。

ところで、オノマトペは、語りにおいて、音としての調子のよさ、リズミカルな感覚を伴うものです。そのため、しばしば昔話の中で歌と親和性を持つように見受けられます。例えば、やはり「花咲か爺」の例ですが、隣の爺婆が真似をして、掘れとも言わないのに掘ったところ、牛馬の糞ばかりが出てくるという場面で、

ババの前さ牛の糞　ジジの前さ馬の糞　ビタカタ
ビタカタ

と、歌う例があります（語り手＝大石きみよ〔『飯豊山麓中津川昔話集（下）』所収〕）。

このようにオノマトペが節を伴って歌われる例として、よく知られているものに、「瓜姫子」の機織りの音をあげることができるでしょう。西川町大井沢で生まれた阿部キヌオさんは、こんなふうに語っています（『お婆の手ん箱（一）　阿部キヌオさんの語り』所収）。

クダもない　カーラカラ　キーコーバッタン
クダもない　カーラカラ　キーコーバッタン

そして、瓜姫子に化けた天邪鬼が機を織る音は、

ズッタラ　バッタラ　ギイ
ズッタラ　バッタラ　ギイ

という具合に対比されます。「瓜姫子」は、まさにこの機織りの音の調べが、聞き手の結末への期待感を高め、最後に飛んできた鳥の歌で、カタストロフがもたらされるのです。

瓜姫子ののり車に　天邪鬼　ぶつのって　ピーヒョロ　ヒヨロ

オノマトペの音の調子が歌の節にのって、話の盛り上がりを演出するわけです。このようにオノマトペは、昔話の語りにおいて、話の展開・構成と絡み合いながら、時に語り手の意識と深く結びつき、さらには語りの演出効果を高める働きも果たしていると思われ

るのです。

＊本文中に引用した語りの資料は、最初の江口文四郎編『せんとくの金―江口ヨシノとんと昔七十二話』（山形とんと昔の会、一九八七年）以外、すべて東北文教大学短期大学部民話研究センター資料叢書に拠るものです。

【参考文献】
・菊地仁「山形における〈花咲か爺〉の話型―昔話「赤いこん箱（屁ひり爺）」が提起する問題―」『山形大学大学院社会文化システム研究科紀要』6、二〇〇九年。
・武田正『昔話漂泊』置賜民俗学会、一九九四年。

エッセイ

日本に伝わったグリム童話

久保　華誉

「ヱガオ」(4巻4号)建文館、明治42年

『グリム童話集』の初版第一巻が出版されたのは一八一二年。それから二〇〇年たった現在でも、本国のドイツはもちろん、はるかかなたの日本でもその人気は衰えていません。子どものころに「白雪姫」、「赤ずきん」、「ヘンゼルとグレーテル」、「オオカミと七匹の子ヤギ」、「灰かぶり」などを読んだり聞いたりしたことがないという人はいないでしょう。

少し前には『本当は恐ろしいグリム童話』が流行り、大人の間でももてはやされました。スキャンダラスに面白おかしく改作されたため、グリム童話をこのような形で受容したのは日本だけで恥ずかしいという研究者の声も聞かれました。しかし日本人がそれだけグリム童話好きであることがうかがわれる現象と言えるでしょう。

私自身も生まれて初めて落語を聞きに行った際、たまたま演目が「死神」でした。グリム童話の「死神と名付け親」の話がすっかり日本風の落語になっており非常に驚いたことが忘れられません。「死神」は三遊亭圓朝による明治二〇年代の創作落語で、イタリアのオペラからの影響も考えられていますが、グリム童話に非常に似ています。このようにすっかり日本に溶け込んでいるグリム童話に出会うこともあります。

そんなグリム童話の話が初めて日本に紹介されたの

は、明治六年（一八七三）のことと考えられています。くぎ一本をおろそかにしたために散々な目にあう商人の話、「くぎ」がアメリカの教科書から訳されたのです。その後まとまって訳されたのは明治二〇年（一八八七）で、「灰かぶり」など一一話が菅了法による『西洋古事神仙叢話』として出版されました。これは国立国会図書館のウェッブサイト「近代デジタルライブラリー」からも閲覧可能で気軽に読むことが出来ます。

　日本人のグリム童話好きは明治時代からで、当時ある種の教育ブランドとしても受け入れられました。日本が西洋文化を盛んに取り込もうとした際に、ドイツから法律学、医学などと並び、教育学も入ってきました。

　道徳教育で昔話を利用するドイツのヘルバルト学派では、グリム童話が修身教材として使われていたのです。例えば、ヘルバルト学派にのっとり、湯本武比古が『修身童話』八巻で「藁と炭と豆」の話を「をてんばまめ」と訳し、教材として使っています。「藁と炭と豆」のあらすじは次のようです。藁と炭と豆が出会って、旅に出るが、途中の川で立ち往生し、藁が橋になり、炭を渡そうとするが、火がついて藁と炭は川に流れてしまいます。それを見ていた豆が大笑いし、皮が裂けてしまい、泣いている所へ医者が通りかかって黒い糸で縫ったため、豆には黒い筋があるという話。これに「人は他人の憂を楽しむべからず。人は常に用慎（心）すべし。」と教え、互いに助け合った話を知っているかと質問するなど教案が提示されています。

　この話は日本でも昔話としても報告されています。調べた限り青森県から沖縄県まで各地で一〇〇話近く語られています。旅の目的は、伊勢参り、京参り、見物などで、豆を助けてくれる人は、グリムでは医者でしたが、富山の薬屋、瞽女《ごぜ》（三味線などを弾き唄う盲目の女性芸能者）などとなり、彼らがこの昔話を伝え歩いたのでしょう。

　更に明治時代には日本の児童文学の祖と言われる巌《いわ》谷《や》小波《さざなみ》らが、子どものための読み物としてグリム童話を翻訳しています。「星娘」（星の銀貨）、「奇妙な音楽者」（ブレーメンの音楽隊）、「小雪姫」（白雪姫）、「かなりや姫」（ヨリンデとヨリンゲル）、「紡績姫」（三人の糸繰り女）などを小波が『少年世界』といった雑誌に盛んに翻訳を載せました。これら西洋種のおとぎ話を子どもたちが楽しんだことが読者欄からもうかがえます。

　このように紹介されたグリム童話は、本の世界にとどまらず、まるで昔からあったかのように日本の昔話として語られることもありました。前述の「藁と炭と豆」もそうですが、「ブレーメンの音楽隊」も、岩手県、宮城県、山形県、新潟県、石川県、神奈川県、長野県、愛知県、鳥取県、岡山県で合わせて三〇話ほど昔話として報告されています。

グリム童話では、ロバ、犬、猫、ニワトリが年をとって働けず餌が貰えなくなったなどの理由でそれぞれの家を出て、ブレーメンを目指します。途中、森で泥棒が宴会をしているところに、ロバの上に犬、犬の上に猫、猫の上にニワトリが乗って一斉に鳴きわめき、泥棒を追い出して家に入り込みます。また戻ろうとした泥棒をそれぞれの特技（引っかく、噛み付くなど）で撃退し、その家で皆幸せに暮らしたと話は結ばれます。

この話が日本の昔話として語られる場合、受け入れやすいように変化している部分がいくつかあります。まず動物たちが家を出る理由が、グリム童話と同じように、年をとったり不要になったりという理由で捨てられる話は全体の三分の一以下と少ないのです。ではどのような理由で動物たちは家を出るのでしょうか。

岩手県遠野市の鈴木サツさんは佐々木徳夫『遠野に生きつづけた昔』（講談社、一九七六年）の中で、次のように語り始めています。「むがすな、とっても貧乏だったども、まっこ（馬）を大事にしてる百姓家があったづもな。まっこは俺さ食《か》せるのもひどがんべ、と思って家を出たづもな」。東北では、居住空間（母屋）と馬屋をくっつけた曲り家という造りがあるほど、馬を大切にしています。そんな馬が、自分を食べさせるために飼い主が大変な思いをしていることを思いやって家を出ています。

新潟県では、家や畑を売らなければならなくなった飼い主のために、同じ家に住んでいる馬と犬と猫とニワトリが「おらたち、長いこと飼われて来たがね、何とかして、旦那様へ、かねを持って来て、恩返しをしよう」と言って皆で家を出ています。

このように動物たちが主人を思って自発的に出てゆく話は、グリム童話とは結末が違ってきます。主人思いの日本の昔話の動物たちは、手に入れたご馳走やお金をきちんと元の家に持ち帰るのです。このような話が全部で一四話あります。お金は持ち帰らないが主人に恩返しをしたり、主人のために泥棒を追い払う話が三話あります。つまり主人のために行動する話は合わせて一七話あり、半数以上がこうした形をとります。岡山県の話では、貧しくなった飼い主に捨てられたにもかかわらず、金を持ち帰り皆で暮らす話になっています。また家から出て行かず、石川県では散歩中に出

ドイツなどの挿絵ではガラスの棺を横たえるのが普通だが、まるで仏像のように白雪姫が縦置きになっている。七人の小人は「一寸法師」と書かれ、白雪姫も王子の服装も和洋折衷。明治時代の『グリム童話集』の挿絵にはこのような面白味がある。
『ヱガオ』(4巻5号)建文館、明治 42 年(国立国会図書館国際子ども図書館所蔵)

会った泥棒や、愛知県では家に押し入ってきた泥棒を退治する話もあります。もとはユートピアを夢見る話であったのが、ご主人様のため、という忠義な動物たちの話になっています。

グリム童話のように、ただ動物たちが出て行って幸せを得る話よりも、動物たちが家に戻り、主人の恩に報いる話の方が日本人は納得しやすく好むのでしょう。

このように元は外来と考えられる話が、日本に受容されて変化してゆきます。この異なる部分を考えることは、日本人の価値観が問われてなかなか興味深いと言えるでしょう。

【参考文献】

・大島廣志『民話―伝承の現実』三弥井書店、二〇〇七年。
・久保華誉『日本における外国昔話の受容と変容―和製グリムの世界』三弥井書店、二〇〇九年。
・奈倉洋子『日本の近代化とグリム童話』世界思想社、二〇〇五年。
・西本晃二『落語『死神』の世界』青蛙房、二〇〇二年。
・野口芳子『グリムのメルヒェン　その夢と現実』勁草書房、一九九四年。
・府川源一郎「アンデルセン童話とグリム童話の本邦所訳をめぐって―明治初期の子ども読み物と教育の接点―」『文学』第九（第四）、二〇〇八年。

付記

八〇頁の挿絵、『ヱガオ』（四巻四号）は国立国会図書館国際子ども図書館所蔵。

白雪姫がリンゴを勧められる場面。白雪姫は「雪姫」、継母は「皇后サマ」、七人の小人は「一寸法師」と本文には書かれている。

桃太郎の子守唄

――山田耕筰の子守唄志向を追って――

尾原　昭夫

一　子を憶う母　母を憶う子

　時は明治のなかば、世は軍国調におおわれるさなかに、本人の秘めた強い気持ちをおしはかって、周囲の反対を押し、今わの言葉に東京音楽学校の受験をすすめた母の深い愛を、山田耕作（のちの耕筰。一八八六―一九六五）は一生忘れませんでした。やがて音楽学校を卒業、ドイツ留学の機会を得てベルリン高等音楽学校を受験する際にも、異国の地でくじけそうな心を支え励ましてくれる母の面影がみごと難関を突破にみちびきます。在独四年、自作楽劇のドイツでの初演に向け、準備のため帰国した山田の帰独をはばんだのは第一次世界大戦の勃発です。以後作曲活動のかたわら交響楽運動に、また新劇運動、新舞踊運動など、さまざまな方面でのめざましい活躍が始まります。

　そのような多忙のなか、山田の心をとらえたひとつの詩がありました。

　とんとん　とろりこ　とんとろり
　とんとん　とろりと　鳴る音が

竹久夢二画「新子守謡」挿絵『少女倶楽部付録』講談社、昭和5年（1930）（尾原昭夫蔵）

坊やのお寝間にゃ　まだ来ぬか
来なけりゃ　迎ひにまゐりましょ
海山越えて　鬼ケ島
鬼のゐぬ国　ねんね島
（全四節）

昔話の「桃太郎」を下敷きにしたこの詩は「新子守謡」といい、『読売新聞』の懸賞募集一等当選の清水都代三《とよぞう》による創作子守唄です。やがて山田はこの詩に曲をつけ、大正五年（一九一六）一一月一一日の最初の「ピアノ小品発表音楽会」に自身の弾き語りで発表します。作曲者はこの曲について、「この曲には私の母の愛が流れ込んでいるのです。日本の子守歌には西洋の揺籃を揺るがしながら歌うのと違って、子供の背をたたきながら歌うのですから、これも日本の音階でたたく気持ちをリズムに出し、そして全体の色調を今の時代に添えるようにしました。[1]」と記者の質問に答えるとともに、さらにこの子守唄についての想いの一端を次のように述べています。「私は、この小さな曲でも、もしそれに本当の力があるならば、濁り易い私共の生活の流れを清くすることが出来ると信じております。どうか皆様で、静かにお唱い下さいまして、私共の国の宝であり、誇りである、新しい桃太郎を大事にしてやって下さい。(2)」

私はまさに、子を憶《おも》う母、母を憶う子あってこそ子守唄は生まれる―ということを、わが国の音楽の大先達、山田耕筰の作品や言葉、またその心からしみじみと教えられるのです。

二　「柴の折戸」作詞者と詩の謎

山田耕筰は大正六年（一九一七）の一二月にアメリカに渡り、ニューヨークのカーネギーホールで自作を中心とした演奏会を開きます。その五年ほど前に、例のワシントン、ポトマック河畔のサクラが東京から寄贈され、また四年ほど後には野口雨情《うじょう》が童謡「青い眼の人形」を書いています。当時の日米関係はきわめて友好的だったのでした。さらに山田は翌大正七年（一九一八）の春にも再び渡米、カール・フイッシャー音楽出版社の社長らと懇談するなかで日本民謡が話題にのぼり、「ぜひ『日本民謡集』も出版したい」という出版社の要望を受け入れ、ただちにその編曲に取りかかります。そこで先ず完成したのが「子守唄」、いわゆる〈柴の折戸〉であり、立て続けに「梅は咲いたか」「沖の鴎に」「かぞへうた」「今様」「深川」など日本の伝承歌を一月足らずのうちに一気に書き上げ、それらは『ジャパニーズ・フォークソングズ・ブック　1』（日本民謡集　第一巻）カール・フィッシャー社（ニューヨーク、一九一九年）として、ローマ字の日本詩と英語訳の歌詞つきで出版されました。

編曲者自身の記憶にもとづくというその「子守唄」の旋律は、全国誰でも知る「江戸子守唄」の陽音階版、しかし、「桃太郎」の昔話を歌う〈柴の折戸〉の歌詞は、なぜか次のたったの二節のみしか記されていません。

柴の折戸の　賤《しず》ヶ家に
翁《おきな》と媼《おうな》が　住いけり
翁は山へ　柴刈りに
媼は川へ　衣《きぬ》すゝぎ

この格調の高い文語調の歌詞はそもそも何時、誰によって作られたのか。また歌詞の全体はどのようなものか。それらについてはまったく謎に包まれたまま、楽譜は全集や曲集などに出版され、時は過ぎ、その問物語りの冒頭のみで終わる歌は〝しっぽきれ〟の感を免れず、永く何か満たされない状態が続いたのです。しかし、幸いなことに最近になってようやくその全貌がほぼ明らかになってきました。その端緒は国語学者の金田一春彦氏の次のような述懐です。少し長いですが、重要な部分を引用させていただきます。一番目は平成六年（一九九四）三月に『東京新聞夕刊』にのった連載「この道」に、次のは平成七年（一九九五）の著書『童謡・唱歌の世界』に書かれたものです。

「私は、大正天皇が幼少のころ、高崎正風《まさかぜ》が江戸子守唄に作詞したという「柴の折戸」という歌を聞いて大きくなった。私にとって一番懐かしい歌といったらあの歌である。人は死ぬ時に一番あとまで聴覚が残るという。とすると、私は臨終の時に音楽を聞きながら死にたいし、その音楽は、きれいなやさしい声の人の「柴の折戸」を望む。(3)」

歌川重宣画『昔ばなし一覧図会』より桃太郎、安政４年（1857）（尾原昭夫蔵）

「これは、入江相政氏から教えを受けたが、明治天皇の御代に、のちの大正天皇がお生まれになったときに乳母を雇ったが、乳母の身の上で、皇子さまを「坊や」とお呼びするわけに行かない。そこで、当時第一番の歌人であった高崎正風に新しい歌詞を作らせた。正風は仰せをかしこみ、将来の日本の天子になる人のためには代表的な日本の昔話桃太郎がよかろうと、桃太郎の歌詞を作り乳母に歌わせた。民間に広く流れたのがそれだった。[4]」

入江相政（一九〇五—一九八五）といえば昭和天皇の侍従長であった人で、母は大正天皇の生母柳原二位局愛子《なるこ》の姪、父入江為守も東宮侍従長や皇太后宮大夫を務めた家柄であるだけに、この話はじつに信ぴょう性が高いと考えなければなりません。つまり「柴の折戸」は大正天皇誕生から間もない明治一二年か一三年ころ（一八七九—八〇）に高崎正風（一八三六—一九一二）によって作られたとして間違いはないでしょう。高崎正風は薩摩出身の明治の歌人で御歌所長・宮中顧問官などを務めた人で、儀式唱歌「紀元節」の作詞者でもあります。

次にその歌詞全体の姿については、上笙一郎《かみしょういちろう》氏が『日本童謡事典』で紹介された外山《とやま》国彦の記憶による歌詞が現在最も信頼にたるものと思われます。ちなみに、外山国彦は山田耕筰の音楽学校の先輩で親友でもあった声楽家で、指揮者外山雄三の父。では、その歌詞から第三節以下を数節挙げておきましょう。

日ごと日ごとのなりわいも　いとあさましき朝熊山《あさまやま》　いといそがしき五十鈴川　流れ流るる水の瀬に　流れ寄りたる桃の実の　世に類なく太ければ　あな珍しと持ち帰り　折敷《おしき》に据えて愛《め》づるうち桃は我から打ち割れて　男の子一人出でにけり(5)

第二次大戦終戦後の昭和二五年（一九五〇）に山田が日本放送出版協会から出した『山田耕筰名歌曲全集　第一巻』の「子守唄」では、ピアノ伴奏は元のままで、歌詞を〈柴の折戸〉から一般的な「坊やのお守はどこ行った」にすり替え、一部に編曲者自身が補訂を加えています(6)。それは、戦後の極端な食糧難、住宅難、物資不足などにあえぎ、すっかりすさんでしまった国民に子守唄の心を取り戻してほしい、子守唄をより広く歌ってほしいという山田の深い想いと願いからにほかなりません。

三　中国地方の子守唄

大正一〇年（一九二一）には山田は三木露風《ろふう》の二つの子守唄「海鳴り」「眠れよ我児」などを作曲。これらは荻野綾子と外山国彦によって歌われ、露風の童謡集『真珠島』の巻頭にのります。翌大正一一年（一九二二）六月には、続いて「さくらさくら」「姫松小松」「来るか来るか」「きんにゃもにゃ」などの日本の伝承歌を編曲。そして九月、北原白秋と雑誌『詩と音楽』を創刊。詩と音楽の融合と日本語の語感を尊重した芸術的歌曲の運動を起こします。以後「かやの木山の」「待ちぼうけ」「赤とんぼ」「鐘が鳴ります」「からたちの花」「ペィチカ」「この道」などの作品が続々と生まれ、それらの新曲に加え日本の民謡や伝承曲の編曲をまじえて、若きテナーの藤原義江らが歌い、当時勃興のレコードに吹き込んで一気に国民的愛唱曲へと広がりをみせていきます。

こうした新童謡・歌曲創造への力ある潮流のなか、昭和三年（一九二八）の三月二四日、一声楽家が作曲を教わるため新橋の山田耕筰の事務所を訪ねます。岡山県井原市出身で音楽学校の後輩上野耐之《たいし》です。鵜野祐介氏（梅花女子大学）の調査によりますと、上野耐之からの直接の話として、親戚の岡田（旧姓上野）妙子さんがその時の様子を次のように語っておられます。

「私の母親はこのような子守唄を歌ってくれました」といって先生の前で歌いました所、山田先生は大変お喜びになりまして、「こりゃあすばらしい、僕にくれないか?[7]」

そして一〇日ほどたった四月四日には「子守唄（中国地方）」の採譜とピアノ伴奏ができあがります。これがやがて「中国地方の子守唄」として広く愛唱され日本の代表的名曲の一つとなったのでした。ちなみに、当の上野耐之はのちに「これは『母の子守唄』というタイトルがつけてほしかったなあ」と言っていたということで、ここにも子守唄を通しての子の母への強い憶いをうかがうことができます。

四　山田耕筰の子守唄観

そもそも耕作少年を作曲家の道に進ませたものは何だったのか。彼の回想から幼児体験を拾ってみましょう。まず挙げなければならないのは、彼はクリスチャンの家庭に育ち、讃美歌の環境が常に身近にあったこと。また横須賀においては軍楽隊に魅せられてその後を追うのがしばしばであったこと。小さい時から聴覚は、当時としてはまだ珍しい洋楽の洗礼を受けて、旋律の美しさや和声のかもし出す情感などを、知識以前に頭の奥深くに刻み込んでいたであろうと思われます。その一方で、日常の〝日本の音〟にもきわめて繊細敏感に反応し、朝早く街を売り歩く豆腐屋の「とっぷなべー　なまあげ　がんもどきー」といった売り声の美しさに聴き惚れ、夕闇の海辺に尾を引く「○○丸よおーッい」という船頭の船を呼ぶ声にも耳をすまし、それらが忘れられない記憶となり原動力となって、彼を一途に作曲への強い意欲に駆り立てていったのです。そしてそのさらに深くには、やさしくて強い母の思い出があって、大きく後押しをしていることも間違いないことでしょう。彼は母と子守唄について次のように記しています。

「母は話術のたくみな人で、夕飯を二人で了《を》へると、昔の戦さの話などを語つてくれる。話してゐても、裁縫の手をゆるめない。深夜なぞ、ふと目があくと、針仕事をしてゐる母の姿が私の眼に沁《し》みた。母はさうした賃仕事で家計を支へてゐたのだつた。」

「幼い日の追憶のなかに、遠く、なつかしく聞えて来る調べ、『坊やはよい児だ、ねんねしな……』で広く親しまれてゐるこの子守唄は、最も大衆的で、しかも最も美しいわが国の代表的子守唄であることは今更いふまでもない。素朴で単純なこの旋律の繰返しのうちに、深い母親の愛情をこめて、幼児を眠りにさそふその調べは、聞く者の心を切ないまでに快よく優しく揺らずにはおかない魅力を持つてゐる。時と人とを問はず、親から子に孫にと唄ひ継がれて消え失せることのないこの子守唄こそ、永遠に清らかな愛の調べといふことが出来よう。[8]」

〝和魂洋才〟という言葉があるように、洋楽の感覚や理論を基礎とし、そこに日本人の生活感情や日本語の特質を生かした芸術歌曲をめざした山田耕筰の作曲活動の根底には、このような幼時のかけがえのない体験や記憶が折り重なって潜在することを、われわれは見のがしてはなりません。それは彼の「子守唄礼讃」と題する次のような珠玉の文章からも十分読み取ることができます。

「およそ歌のうちで、子守唄ほど純粋なものはありません。その歌詞も曲趣も、一点の汚濁のないのが子守唄です。それは天使の歌であり、聖母の胸から溢れでる清い音の流れであり、澄みきった大空から降りそゝぐ光りであります。いやそれは、清浄な祈りの声です。一切を浄化せずにはおかぬ母の声です。[9]」

「黄昏がひそひそと迫り寄るとき無性に寂しくて、やる瀬なくて、泣き止まぬ時など、ふと訪れる『母の子守唄』は、どれ程か、幼い心にとって救いとなり、憧憬となるかわかりません。子守唄こそは、人を『人』として育てあげる最優最良の保母です。そしてそれは、われわれ成人をも浄化する聖《きよ》い詩です。[10]」

山田耕筰の子守唄観は、崇高なキリスト教的理想主義とロマン主義に貫かれたものといえるでしょうが、そこに子守唄の最も基本的な存在意義と、あるべき姿を、われわれに高くさし示しているということができると思います。

【注】

（1）『山田耕筰の遺産二』CD、日本コロムビア、一九九六年。
（2）山田耕筰『山田耕筰全集第四巻』春秋社、一九三〇年。
（3）金田一春彦『東京新聞夕刊』連載「この道」、一九九四年三月一一日。
（4）金田一春彦『童謡・唱歌の世界』教育出版、一九九五年。
（5）上笙一郎編『日本童謡事典』東京堂出版、二〇〇五年。
（6）山田耕筰『山田耕筰名歌曲全集第一巻』日本放送出版協会、一九五〇年。
（7）鵜野祐介「「中国地方の子守唄」の社会的背景に関する研究」、『鳥取女子短期大学研究紀要』第三三号、一九九六年。
（8）〜（10）山田耕筰『山田耕筰名歌曲全集第一巻』日本放送出版協会、一九五〇年。

【参考文献】

・山田耕筰『耕筰楽話』清和書店、一九三五年。
・山田耕筰『はるかなり青春の調べ』長嶋書房、一九五七年。

琉球弧の子守歌島めぐり

酒井　正子

一　琉球弧の子守歌の特色

琉球弧（奄美・沖縄）の島々には、チャーミングで印象的な子守歌が数多くあります。子守《くゎーむ》い歌、ふぁむりうた、ふぁむりユンタなどと呼ばれ、子どもに対してうたわれる「寝かせ歌」「遊ばせ歌」のほか、子守りをしている自分のためにもうたわれました。後者は子守りの辛さを訴え自らを慰める一種のぼやき歌、仕事歌としての側面もみられ、自己の思いをうたう「思い歌」として綿々と展開してゆきます。

かつては八、九歳から一五歳ころまで、少

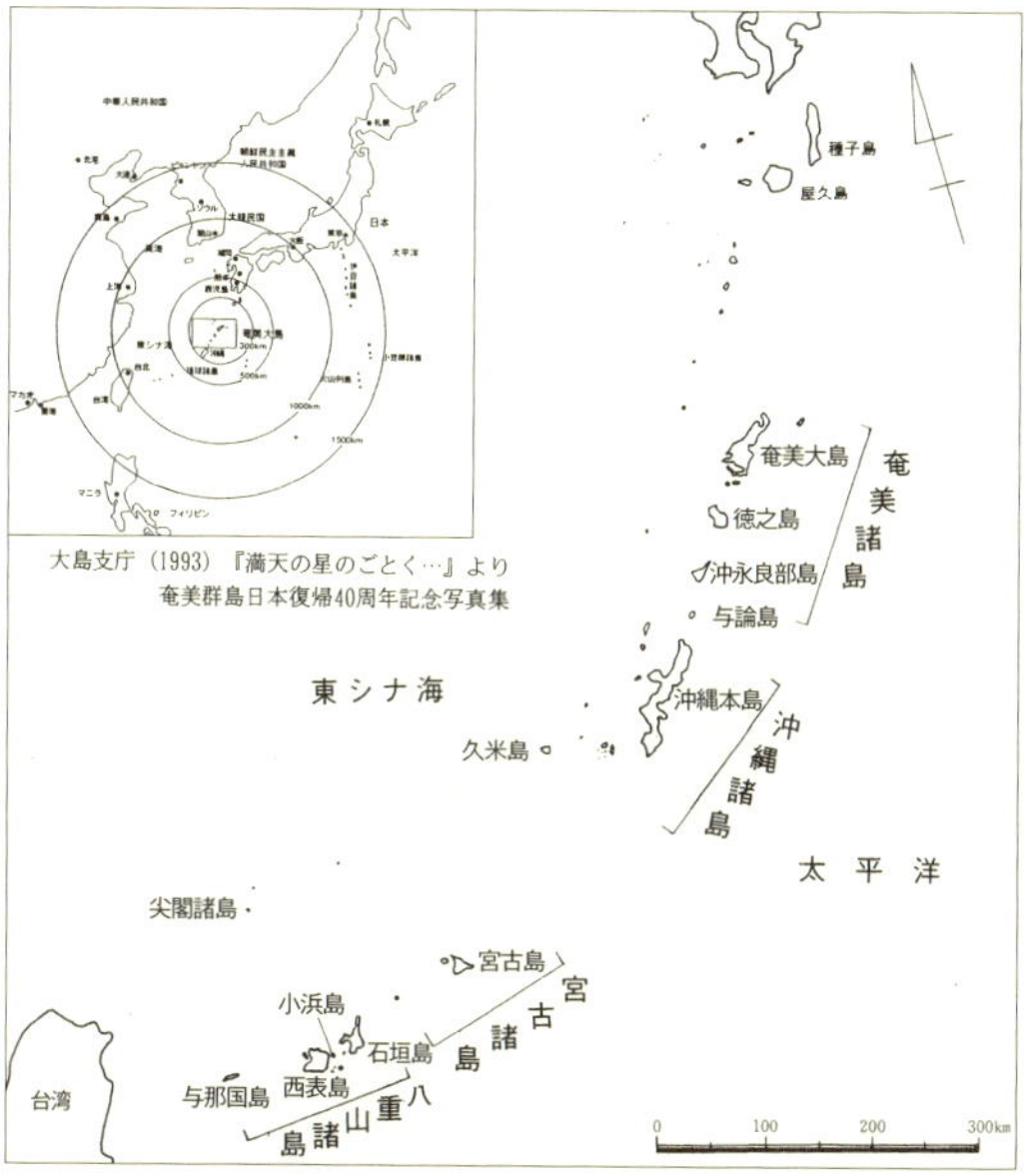

大島支庁（1993）『満天の星のごとく…』より
奄美群島日本復帰40周年記念写真集

琉球弧の連なり
東京国立博物館（編）1992『海上の道—沖縄の歴史と文化』より

女は自分の家の弟妹をみるだけでなく、他家へ子守りの奉公に出されることもしばしばでした。「守《む》り姉《あに》」といい、終生家族のようなつきあいをしたそうですが、年端もいかない彼女達にとっては辛い経験でもあったのではないでしょうか。

歌詞の内容は「お母さんは畑に芋堀りに、お父さんは海へ魚を捕りに行っている。良い子で待っていたら食べさせてもらえるよ」と父母の労働をうたったものが多く、なかなか寝ない子に「寝ないと〜〜がくるよ」とおどしたり、「りっぱな人になりなさい」と子の将来を思う歌詞が特徴的です。子守りをしている子どもどうしの寝かせ競争もみられます。

いずれにせよ、幼い命を育てる懸命な営みがこめられた子守歌は、地域の暮らしに深く根をおろし、大切にうたい継がれています。近年は合唱やポップ風にアレンジされることも多く、若い世代も積極的にとりあげています。

二　奄美大島の子守歌

島々の代表的な子守歌を、奄美から順にみてゆくことにしましょう。

〈奄美大島〉《泣くなヨ坊》が広くうたわれています。

♪泣くなヨ、あんまが、御倉《うぐら》じ、米取ってち、
♪べぇーたし、食《か》ましゅんど、食ましゅんど、泣くなよ坊

（泣くなよ、母さんが、御倉で米を取ってきて／飯を炊いて、食べさすぞ）

♪泣くなヨ、じゅーが、長山じ、長鳥ぐゎ
♪獲《とう》てぃち、くりぃりゅんど、泣くなヨ坊、泣くなヨ
（泣くなよ、父さんが、長山で、長鳥を／獲ってきて、くれるぞ）

奄美の小説家、島尾ミホさんが語る昔話「鬼と四人の子ら」の中で、この子守歌が挿入されているのを聞くことができます［島尾一九七三、添付ソノシート］。
——お母さんが山の畑に芋をとりに行くのですが、急な大雨で橋が流されて帰れなくなり、鬼に喰《く》われてしまいます。あまりに帰りが遅いので、四人の子らは不安におびえながら戸口に坐《すわ》って待ち続けます。小さな弟が耐えきれず泣くのを、兄さんが次のようにうたってなだめるのです。

♪あんまやヨ、飯米《はんめ》取りが、いもちゃんど、玉黄金《たまくがに》
泣くなヨ坊、ヨーハイヨ、ヨーハイヨ、ヨーハイヨ
（母さんは食料をとりにいらしたのだよ、大切な子よ。泣くなよ）

鬼は母親の皮を剥《は》いで自分の身に着け、母親になりすましてやってきます。子ども達はその正体に気付き、逃げ出して庭の柿の木に登ります。池に映る子らの姿をみて鬼は水を飲みつくし、とうとうお腹が破れて死んでしまいました。——
生まれジマの加計呂麻《かけろま》島で、幼い頃聞いた母親の語り口そのままに、再演したそうです。ラドレミソ

ラの民謡音階の穏やかな曲調で、高く艶のある声でゆったりとうたわれます。

三　徳之島と沖永良部島の子守歌

〈徳之島〉《ねんねぐゎしぇ》

♪ねんねんぐゎしぇ、ねんねんぐゎしぇ
ねんねんぐゎしゅんちぃどぅ、泣きゅんどや
（ねんねしなさい、ねんねをしようとして、泣くのだよ）
♪ねんねんぐゎしぇ、ねんねんぐゎしぇ
あんまや畑《はる》かちぃ、行きゅたんどや
（ねんねしなさい、母さんは野良に行きよったよ）

ソラドレミソと上下行する律音階でうたわれ、久保けんお編曲の合唱曲《ゆうなの木の下で》としても親しまれています。

〈沖永良部島《おきのえらぶ》〉《えらぶの子守歌》

♪泣くなくな童《わらべ》　誰《た》が泣きでぃ言ちよ

我《わ》が守《む》らば眠《にぶ》り　ヨーヒヨ童
（泣くな泣くな童よ、誰が泣けといったのか／私がお守りしたら眠れよ）

と、冒頭ドミソシレと上行する印象的な旋律で開始され、末尾はゆっくりと滑らかに下降して終わります。永遠の闇に消えゆくような、その余韻に思いをのせ、「思い歌」としての展開が著しいです。親元を遠く離れ苦労して暮らす我が身を思い、

♪子守い《くゎーむい》者《しゃ》ぬ哀《あわ》り　夜昼《ゆるひる》ぬむぬみ
むぬみ忘りらわ　う祝《ゆえ》しゃぶら
（子守する者の苦しさは、夜も昼も物思い／物思いを忘れるならば、お祝いしましょう）
♪あが遠《と》どぬシマに　我親《わうや》ちゅんちゃー
　うきわ
宵《ゆね》なりや見欲《みぶ》しゃ　暮らしならむ
（あんな遠い島に、私の親兄弟はいるよ／夜になると会いたくて、どうしようもない）

とうたいます。

一方、なかなか泣きやまない子には、にく

［実　音］長6度低い。
［備　考］演唱では音がゆれることが多く，一定していない。楽譜上の装飾音（𝆖）はその一例を示している。
（注）　節と節の間では，一呼吸置くことが多い。

えらぶの子守歌（『日本民謡大観　奄美篇』より）

らしさの余り、次のようにうたいます。

♪うらが如何《いちゃ》泣ちゃんて　うら親《うや》ぬ守《む》ゆんな
我《わ》ぬどぅ親なとぅてぃ　うらむ守ゆる
（お前がどんなに泣いたって、親がお守りするのかい／私こそが親になって、お前の守りもするのだよ）

♪泣さち者《むん》ぬ面《ちら》に　とぅどぅ虫ぬほやがてぃ
やーひしゅひしゅなひしゅ（＊擬音か？）　泣ちがむしる
（泣き虫の面に、とど虫が這《は》ってる／ヤーヒシュヒシュナヒシュ、泣いてせきこむ）

子守りをしている子どもどうしの寝かせ競争、歌合戦も記録されています。

♪我《わ》ちゃ子《くゎ》は眠《に》ぶたしが、うちゃ子は眠ぶらじな
うちゃ子ぬ目玉《みんたま》　泣ちさ目玉
（私が守りしてる子は眠ったけど、お前の子は眠らないね／目玉も泣きべその目玉してる）

♪うちゃ子《くゎ》ぬ泣ちゅんきゃ　いびら取《とぅ》てぃ尻叩《まい》ち
我子《わくゎ》ぬ泣ちゅんきゃ　手打《てぃ》ち笑ろさ
（お前の子が泣いたら、大きなしゃもじを取って尻叩き／私の子が泣いたら、手を打ちあやして笑わそう）

また、「風車の歌」として、風車を天まで飛ばし伝説の勇者に思いをはせる、一連の物語風の歌詞も

あります。
沖永良部島のある男性は、八〇歳で亡くなる直前に亡き親への思いを連綿とテープに吹き込んでいました。それが死後発見され、遺族は、自らの死を予期していたかのようだと、涙して聞いたそうです。
その一部を紹介します。

♪花ぬ品数や　幾品むあしが
我親《わうや》似る花や　一枝無《ちゅえだね》さみ
（花の品数は、たくさんあるけど／我が親に似る花は、一枝もない）
♪我ん親ぬ命　助けらんでしりば
天ぬ積《つむ》りありば　仕方ねさみ
（我が親の命を、助けたいと思っても／天の定め＝寿命があるから、仕方ないね）
♪後生《ぐしょう》とこの世間《しけ》ぬ　行ち帰えがなりば
後生で親見欲《みぶ》しゃ　思《うむ》るがねや
（あの世とこの世間の、往来ができるものなら／あの世で親に会いたいと、思うのだが）
♪枯えていく花や　水かけてみたて
後生にめる我親《わうや》　いかちみゃぶら
（枯れていく花に、水をかけても／あの世にいらした我が親を、よみがえらせたいものよ）

このように子どもから老人に至るまで、切々たる思いを託してうたわれてきました。ドミソシの三度堆積型の音階は、琉球音階の古層にあるものと考えられています。

四　沖縄島の子守歌

〈沖縄島〉《耳切《みみち》り坊主《ぼうじ》》

♪大村御殿《うふむらうどぅん》ぬ御門《うじょ》なかい
耳切《みみち》り坊主《ぼーじ》ぬ立っちょんど
（大村御殿の門口に、耳切坊主が立ってるぞ）

♪幾人《いくたい》　幾人　立っちょみせが
三　人四人《みっちゃいゆったい》立っちょんど
（何人何人立ってます？　三人四人立っているぞ）

♪何《ぬー》とぅ何とぅ持《む》っちょみせが
鎌《いら》なん刀ん持っちょんど
（何と何を持ってます？　鎌も刀も持ってるぞ）

♪小刀《しぐ》ぐゎん包丁《ほちゃ》ぐゎん、持っちょんど
泣ちゅる童《わらび》ぬ耳ぐすぐす
（小刀も包丁も持ってるぞ、泣いてる子どもの耳をグスグスと切るぞ）

脅しておとなしく寝かせようとする、こわ〜い子守歌の代表格です。昔、北谷《ちゃたん》王子が「黒金座主《くろがね》」という妖術使いの坊さんの両耳を切りおとして退治したところ、王子の御殿の門に、耳から血を流した坊主の幽霊が出るようになった、という伝説をもとにしています。ドミファソシドの琉球音階が明快に響く旋律です。

五　八重山諸島と宮古諸島の子守歌

〈八重山諸島〉

八重山では、父母が食べ物を手に入れるなど昼間の労働をうたったものを「昼の子守唄」、夜の月の美しさをうたったものを「夜の子守唄」と呼んでいます。中でも《月ぬ美《かい》しゃ》は広く親しまれています。

♪月ぬ美《かい》しゃ　十日三日《とかみっか》、みやらび美しゃ　十七《とおなな》つぃ
ホーイチョーガ
（月の美しいのは十三夜の月／乙女の美しいのは一七歳）
♪あんだぎなぬ　大月《うふすきぃ》ぬ夜《ゆう》・我《ば》がけーらん　遊《あし》びょうら　ホーイチョーガ
（あれほど美しい月の夜・われら皆も遊びましょう）
♪東《あり》からありおーる　大月《うふすきぃ》ぬ夜《ゆう》・沖縄《うきなー》ん八重山《やいま》ん　照らしょーり　ホーイチョーガ
（東から上がっておいでになる、大きな月の夜／沖縄も八重山も照らしてください）

三つめの歌詞は、沖縄島とは一線を画す、八重山の人たちのアイデンティティ（帰属意識）の表れとする見方もあります。沖縄・首里王府の支配下にあって、重税に苦しんだ近世の歴史があるからです。音階も沖縄中心の琉球音階ではなく、八重山土着のドレファソラドの律音階です。

しかしこの子守歌の美しい旋律は、沖縄県全域（宮古・八重山・沖縄諸島）で広くうたわれています。石垣島出身の大工哲弘《だいくてつひろ》や新良幸人《あらゆきと》などの歌い手が好んでとりあげ、耳にする機会も多いです。余談ですが、二〇一一年公開の映画「ＫＯＴＯＫＯ」（塚本晋也監督）では、主演のＣＯＣＣＯ（コッコ・沖縄島出身）がアカペラ（無伴奏）でうたって全篇に流れ、強烈でした。彼女もこの子守歌を愛唱しているのです。

〈宮古諸島〉

守《む》り姉《あに》の習慣が盛んであったといわれ、子守歌の曲種も豊富です。ここでは三つの曲をあげておきます。

《東里真中《あがるざとんなか》》は、最も広く知られ、わらべ歌、踊り歌としてもうたわれています。

♪東里真中《あがるざとんなか》んヨー　ホーニャーホーイ
登野城《とぅぬぐしく》真中んヨー　チュラヨー
（東里の真中に／登野城の真中に）

と対語、対句で歌い出し、以下、十尋・八尋の広い庭に、香ばしいみかんの木を植えて、草を取り枝を打って成長させ、花が咲き実がなったら、守り姉と子どもで分ける、と続きます。そして、

♪我《ば》んが守《む》り　ぷどぅあさばヨー
姉《あに》がヨ漕《く》ぎぃ　たきよあさばヨーイ
（私が守り成長させると／姉が漕ぎ揺すって成長させると）

♪島んな　鳴響《とぅゆ》み　名揚《なや》がりゃまちヨー
国んな　鳴響み　照り上がらまちヨーイ
（島中に鳴り響き、名をとどろかせてください／国中に鳴り響き、照り上がってください）

と、立身出世を願って終わります。ドレファソラドの律音階の曲です。

《我《ば》んが守《む》り》

♪泣くなよヤ　弟《うとぅ》がま　ヨーイヨイ

宮古島の琉球音階の子守歌（『日本民謡大観　宮古篇』より）

詠《ゆ》むなよヤ　弟がま　ヨーイヨーホーイーイー
（泣くなよ、小さな弟よ／詠む＝泣くなよ、小さな弟よ）

とうたい始め、お母さんは大芋を取りに、お父さんは大蛸を取りに行った。大きければ分け合い、小さかったら一個ずつ食べさせましょうと、食糧確保の苦労が続き、私が守りして立派な人に成長し、拝まれるようになりなさい、とうたっていきます。ドミファソシドの琉球音階の曲です。

最後に宮古島の、とてもかわいらしい歌を紹介しましょう。

《野苺《のとぅびぃ》ゆ　食《ふぁー》じな　かまどぅ》

♪ぬとぅびぃゆ　ふぁーじな　かまどぅ
鳥《とぅいぃ》がま　やりばな　ぬとぅびぃゆ　ふぁうな
（野苺を食べるかい、カマドー？／小鳥であれば野いちごも食べるよ）

♪むーがゆ　ふぁーじな　かまどぅ
犬《いん》がま　やりばな　むーがゆ　ふぁうな

56　野苺食じなかまどぅ
ぬとぅびぃじぃふぁーじなかまどぅ
nutubïjï-fâjina-kamadu

〔宮古島〕城辺町友利
1984. 3. 31.
下里　栄作（1926生）

〔実　音〕　１オクターブと短３度低い。
〔備　考〕　全体にラの音は低めで，特に２～３小節目は半音低くなることがある。

宮古島の琉球音階の子守歌（『日本民謡大観　宮古篇』より）

（芋の皮を食べるのかい、カマドー？／子犬であれば芋の皮も食べるよ）

カマドーとは子どもの名前で、以下問答式に、「芋の汁を飲むのかい？」『豚であれば芋の汁も飲むよ』「座っていてもぐのかい？」『実った豆であれば座ってもぐよ』「立っていて漕ぐのかい？」『出船であれば立っていて漕ぐよ』とユーモラスに続きます。食べさせることが大変な時代だった、と年寄りは感慨を持ちますが、子どもの、意表をつく受け答えが面白い「あそび歌」でもあります。島ことばの、韻をふんだきびきびしたリズムが快く、幼い子どもの機智に富んだ答えがかわいく響きます。ドレファソラドの律音階の曲です。

以上奄美諸島は民謡音階・律音階、沖縄諸島は琉球音階、そして八重山・宮古諸島は基本的に律音階と、音組織が地域性を持ちつつ変わっていくのが手に取るようにわかり、さながら島めぐりのようです。歌詞は無尽蔵で、その一部を『日本民謡大観（沖縄・奄美）』などによって紹介しました。機会があれば是非、実際の声・音でその魅力を味わっていただければと思います。

【参考文献】

・酒井正子『奄美沖縄　哭きうたの民族誌』小学館、二〇〇五年。
・島尾敏雄『東北と奄美の昔ばなし』（ソノシート添付）創樹社、一九七三年。
・新納《にいろ》忠人「エラブの子守唄について」『会報』一四、えらぶ郷土研究会、二〇一一年。
・日本放送協会編「子守歌」（赤羽由規子概説）『日本民謡大観（沖縄・奄美）』全四巻、日本放送出版協会、一九八九～九三年。

・持田明美ほか編『沖永良部島・国頭の島唄』シーサーファーム音楽出版、一九九九年。

国境を越えた子育てと子守唄

柳　蓮淑

一　韓国の子育てと子守唄

私は一九九一年に留学のために日本に来た韓国人です。現在、日本人の夫との間に高校三年生の男の子が一人います。先日、息子に「ねぇ～オムマがどんな子守唄を歌ってあげたか覚えている？」と聞いてみました。「オムマ」とは韓国語でお母さんという意味で、息子にははじめからこのように呼ばせるようにしてきました。突然の質問に息子はきょとんとした顔をして、「そんなの覚えているわけないでしょ！」とあっさり言われてしまいました。あれほど一生懸命歌ってあげたのに、と少しガッカリしましたが、それが自然なのかもしれません。

実は、私も母にどんな子守唄を歌ってもらったのか、よく覚えていませんでした。私は、一九六〇年代前半に韓国の穀倉地帯として有名な全羅北道・金堤（チョンラブット・キムジェ）で長女として生まれました。見渡す限りの平野に水田と畑が広々と続いており、二〇戸ほどの民家が集まっている小さな村です。父は小柄ながら頑強な働き者でしたが、体が弱かった母はあまり農作業ができませんでした。母の仕事は得意な洋裁の技術を生かし、ミシンや針で服を作っており、田舎ではセンスのよいデザイナーとして評判を得ていました。

今回をきっかけに、母に「どんなチャジャンガ（子守唄）を歌ってくれたのか」とたずねてみました。思い返してみれば、今までこんな疑問すら頭に浮かんだことはありませんでした。私が赤ちゃんのころ母がよく歌ってくれたのは、「ソムチッアギ（島の家の赤ちゃん）」というチャジャンガだったそうです。なんとこの歌は、私が息子に歌った子守唄だったのでびっくりです。

ソムチッアギ（島の家の赤ちゃん）直訳
作曲：李興烈、作詞：韓寅鉉

オムマガ　ソグヌレ（母が島の裏に）
クルタロ　ガミョン（牡蠣《かき》を取りに行けば）
アギガ　ホンザナマ（赤ちゃんは一人ぼっちで）
チブル　ボダガ（留守番をしていて）
パダガ　ブロジュヌン（海が歌ってくれる）
チャジャン　ノレエ（子守唄に）
パルベゴ　スルルル（腕を枕に）
チャミ　ドムニダ（すやすや眠っています）

アギヌン　チャムル　コンニ（赤ちゃんはぐっすり）

チャゴ　イッチマン（眠っているけど）
カルメギ　ウルムソリ（カモメの鳴き声に）
マミ　ソルレオ（不安になり）
タモッチャン　クルバグニ（一杯にならなかったカキの篭《かご》を）
モリエ　イゴ（頭にのせ）
オムマヌン　モレッキル（母は砂道を）
ダルリョ　オムニダ（走ってきます）

日本に留学して一九三一年の帰国後に作曲された「ソムチッアギ」は、韓国人のだれもが知っている有名なチャジャンガなのです。母親の仕事はヘニョ（海女）さんでしょうか。静かな漁村で子どもを育てながら仕事をする母親の姿が歌詞によく描かれています。農耕生活で自然環境と調和しながら生きていくことを大切にしてきた韓国では、チャジャンガに動物や植物が頻繁に登場しています。オムマの代わりに海が子守唄を歌ってくれる（波の音がチャジャンガに聞こえる）という何とものどかで愛らしい歌です。一人で留守番をしている赤ちゃんが心配になり、カキの収穫もそこそこに空いた篭を抱えて急いで家に帰ってきてしまう、赤ちゃんを愛するオムマの気持ちがうまく表れています。

ところで母は、私に外国の曲も歌ってくれました。韓国で広く知られている「シューベルトの子守唄」です。韓国語での直訳は以下のようです。

眠れ　眠れ　歌を聴きながら

宝石のようにかわいいわが子
かわいいあなた、眠るとき
ひらひらと蝶々が舞う

眠れ　眠れ　歌を聴きながら
花のようにかわいいわが赤ちゃん
かわいいあなたが眠るとき
一枚ずつ二枚ずつ花びらが落ちる

一方、日本語による歌（内藤濯訳）は以下のようです。

眠れ　眠れ　母の胸に
眠れ　眠れ　母の手に
こころよき　歌声に
むすばずや　楽しい夢

眠れ　眠れ　母の胸に
眠れ　眠れ　眠れ　母の手に
あたたかき　その袖に

つつまれて　眠れよや
眠れ　眠れ　かわいわが子
一夜寝て　さめてみよ
くれないの　ばらの花
ひらくぞよ　まくらべに

面白いことに歌われる地域によって多少歌詞が異なっています。韓国語の訳の方には「ナビ（蝶）」が登場していますが、日本語にはバラの花が描かれていますね。また韓国語には、宝石や花のようにかわいい赤ちゃん、とストレートな愛情の表現です。一九歳の時の一八一六年に作曲されたこの歌は、シューベルトが一五歳の時に亡くなった母親のマリア・エリザベート・フィーツを思い浮かべながら書いたと伝えられています。日本の子守唄をあまり知らなかった私たち夫婦は、歌詞は異なっても同じリズムで聞かせることができたので、意識せずとも息子に異文化コミュニケーションをしていたことになります。

さて、私を育てながら母は元気になり、農作業にも出られるようになったのですが、その代わり、子育てに手が回らなくなり、近所の叔母が二人の弟の面倒を見てくれるようになりました。叔母には上の弟と同じ年齢の娘がいたので、母が農作業をしている間は、私や弟たちは叔母の家で世話になっていました。母は農作業を終えると叔母の家に寄り、弟たちを連れて家に帰ります。一昔前までの韓国では、子育ては親だけの役割ではなくて、家族や親族そして近所の年長者が皆一緒になってやっていくものと考えられていました。長女である私も当然のように弟たちの世話をさせられました。下の弟が生まれたとき、私は七歳になっていたので、よく弟を背負ってあやしてあげました。しかし、背負い帯もなしにおんぶしていたので、時々手が滑って弟を床に落としてしまいました。

二　日本での子育てと子守唄

私は韓国の大学で日本語を専攻しました。一九八八年一〇月から一ヶ月ほど開催されたソウル・オリンピックでは、日本の新聞社の記者通訳を務める機会を得ました。オリンピックに出場する選手だけでなく、世界から集まった選手たちを応援する手紙を出した小学校への取材にも同行しました。現場を取材する楽しさを経験するうちに、日本への留学を希望するようになりました。そして、留学先の日本で今の夫と知り合い結婚し、「韓国人オムマ」として日本での子育てが始まったのです。

妊娠した時はなぜか女の子だと思い込み、夫と名前を考えて、お腹の赤ちゃんに語りかけていました。ところが、定期検診時の医者が男の子だと言うのでびっくり。迷っていたところ、不思議な夢を見たのです。韓国ではだれもが知っている「テモン（胎夢）」です。出産の半年ほど前、アボジ（父）と一緒に大きな洞窟の中にいましたが、気がついてみるとそこには大きなヘビが何匹もいました。あまりにも生々しく不思議な夢だったので、母に話したら「テモンだ！」というのです。

ヘビや動物の夢は男児を表し、きれいな花や香りがよい果物は女児を象徴すると言われています。「これは男の子に間違いない」とあわてて名前を変えました。「オーイ～赤ちゃん！　君の名前を○○と呼んでいたけど、今日から○○と呼ぶよ～」と、夫が代表でおなかの赤ちゃんに話しかけてくれました。すると偶然にもおなかの赤ちゃんが動いてくれましたので、「分かってくれたんだ！」と安心した二人です（笑い）。

日本での出産を準備していましたが、予定日が近づいてくると心細くなり、出産一ヶ月前に韓国行きの飛行機に乗ったのです。韓国で初めて訪れた病院で、医者はお腹の赤ちゃんの心臓の音を聞かせてくれました。日本ではなかった経験です。妊娠して初めて聞く赤ちゃんの心臓の音は「ドクンドクン」と大きく響きわたり、とても力強い音でした。そして、質問していないのに、赤ちゃんの性別を「ナムザアイイムニダ（男の子です）」と教えてくれました。

韓国に行って一ヶ月ほど過ぎたころ、「そろそろ出てきても良いのよ」と、私はいつものように赤ちゃんに話をかけました。それがわかったのか、翌日、なんと予定日よりも少し早く、体重三三〇〇グラムの元気な男の子が生まれました。片方の目はつぶり、片方は開けた赤ちゃんは力強く産声をあげました。クンサムチュン（上の弟）は、誕生祝いとして真っ赤なバラの花篭をプレゼントしてくれました。予定日にあわせて飛行機のチケットを購入していた夫は、少しがっかりした声で、「もう少し待ってくれたらよかったのになぁ〜」とつぶやきました。

私の友達や近所のアジュマ（おばさん）たちは、赤ちゃんの服をプレゼントしてくれました。また、主人公が当日韓国にいなかったにもかかわらず、「ペギル（赤ちゃんが生まれて百日目に祝う行事）」には、赤ちゃんに金の指輪をプレゼントしてくれました。子どもの誕生やお祝いの行事に、家族はもちろん隣近所の人が祝ってくれるのです。

出産後一ヶ月ほど韓国で過ごしました。私の体調回復と、赤ちゃんの首がすわるまで飛行機に乗ることが認められないためです。一ヶ月間は毎日母が作ってくれたミヨックッ（わかめスープ）を食べ続けました。出産後の母親の体調を整え、母乳が出やすくするための伝統的な食事です。母は、ミヨックッ（わかめ）をベースに、色々な具を入れて毎日食べ続けても飽きないように工夫してくれました。

さて、わが子に対するチャジャンガ（子守唄）はどうだったのでしょう。「子どもが生まれてきたら、あれをしてあげよう、これもしてあげよう」と考えてきたはずですが、不思議なことに、子守唄をどうするかは真剣に考えていませんでした。それでも、赤ちゃんを寝かしつけようと思うと、自然と歌が出てきました。胸に軽く手を当てながらリズムよく、「チャジャン！　チャジャン！　チャジャン！チャジャン！　ウリアギ　チャルドジャンダ（わが赤ちゃんはよく寝ている）」と歌います。そして、やはり「ソムチッアギ（島の家の赤ちゃん）」や「シューベルトの子守唄」をよく歌いました。子どものころ聞いた歌が出てくるのは自然なことですね。他にも、思いつく歌は何でも歌ってみました。私が疲れて先に眠ってしまったときは、母が代わりに歌います。

出産一ヶ月後に子どもと一緒に日本に来ました。生まれたばかりの赤ちゃんと一緒に飛行機に乗るのが気がかりでしたが、心配する必要はありませんでした。日本に行けるようになって安心したのか、赤ちゃん用のベッドの中で、日本に到着するまですやすや眠ってくれました。

日本に来てからは、夫の両親の家に一ヶ月ほど過ごしました。ちゃぶ台が赤ちゃんのベッド代わりになりました。母が作ってくれたように、姑はわかめのスープを作ってくれました。クリスチャンだった姑は、賛美歌をチャジャンガとしてよく歌ってくれました。生まれて一ヶ月の間にパスポートを作り、飛行機に乗って国境を越えてきた息子は、そんなことはおかまいなしにすくすくと育ちました。

誕生二ヶ月でようやく我が家に戻りました。大学院の学生でもあった私は、夫と力を合わせての子育てが始まりました。夫がよく歌っていたのは「江戸子守唄」です。そしてやはり聞きなれた「シューベルトの子守唄」です。「江戸子守唄」は夫の歌声を通じて私もすぐ歌えるようになりました。

江戸子守唄
ねんねんころりよ　おころりよ
ぼうやは　よい子だ　ねんねしな
ぼうやのお守りは　どこへ行った
あの山こえて　里へ行った
里のみやげに　何もろうた
でんでん太鼓に　笙の笛

最近知ったのですが、夫は「江戸子守唄」という歌の題目はまるで知らずに、しかも「一番はちゃんと覚えていたが、あとは思い出せなかったので、節に合わせて適当に詞を作った」そうです。「立派な子育てを」とかまわないで、状況にあわせて「適切に」子どもとの生活を楽しんできたことが、両方仕事（研究）を持っていた私たちにはよかったかもしれません。

子どもが成長するにつれて、子守唄だけではなくて、童謡（民謡）や童話（民話）を歌ったり読んだりする機会が増えました。夫との相談の結果、「子育ては日本語を中心に進める」という方針をたてていたので、歌やお話も日本語中心になりました。特に子どもが好きだったのは、ドラえもんと日本昔話です。日本昔話の絵本は、子どもが次々図書館から借りて読んでほしいと迫るので、好んで読んであげました。驚いたのは、韓国の「イエンナルイヤギ（昔話）」に比べて内容の豊かさです。

日本で子育てをしながら感じたのは、絵本をプレゼントしてくれる人が多いことです。韓国ではどちらかといえば服やもの（おもちゃなど）ですが、日本では本をプレゼントする人が多いのです。子どもが生まれて最も早くもらった本は、夫の姉からもらった『いないいないばあ』という本です。また、近所の友人や日本の友だちからは、子どもの成長につれて要らなくなった絵本やおもちゃ、服などを譲ってもらいました。

最近は、日本語で翻訳された韓国の絵本を見かける機会が増えましたが、以前はそれほどでもありません。里帰りの時に買ってきた韓国の絵本を、私が訳しながら読んであげるぐらいでした。また、息子が大好きなチャグンサムチュン（下の弟）からは、韓国の人気アニメ『アギコンリョン・ドリ（赤ちゃん恐竜・ドリ）』をもらいました。とりわけビデオは役に立ち、息子は韓国語が分からなくても、何度も繰り返して見ていました。ただし、話がすべて韓国語なので、長続きはしませんでした。子どもが韓国の「お話」に興味を持っていた当時、私がついて解説してあげたら継続できたかもしれない、と反省しています。

一方、日本語の子ども向けの歌をあまり知らなかった私は、韓国でも訳されて広く歌われている日本の童謡を歌いました。代表的なものは「ナビヤ」（蝶々）という歌です。

ナビヤ
ナビヤ　ナビヤ

（チョウチョチョウチョ）
イリナラ　オノラ
（こっちへ飛んでお出で）
ノランナビ　ヒンナビ
（黄色いチョウチョ）
チュムル　チュミョ　オノラ
（白いチョウチョ　舞いながらお出で）
ポンパラメ　コンニプト
（春の風に　花びらも）
バンクッ　バンクッ　ウスミョ
（ニコニコ　笑いながら）
チャムセド　チェッチェッ
（雀も　ちゅんちゅん鳴いている）
ノレハミョ　チュムチュンダ
（歌いながら　踊っている）

日本の「蝶々」という歌です。同じ春の景色を歌いながらも、「花から花へ」ひらひらと舞う日本の「蝶々」に比べると、韓国の「ナビ」のほうが、いくらか躍動的な感じがします。リズムを知っているので私もすぐ歌えるようになり、息子と一緒に日本語でも韓国語でも歌いました。

レパートリーがなくなった後は、韓国の楽しいリズムの歌を取り入れました。一九八〇年代に韓国で流行った「ティティパンパン」という歌です。

ティティパンパン　　歌：ヘウンイ
ボスルルタゴ　コソッドロル
（バスに乗って高速道路を）
バラムチョロム　ダルリョカザ
（風のように走ろう）
バダッソリガ　ドルリョオンダ
（海の音が聞こえてくる）
ティティティティ　ティティパンパン
（「ブーブー」のような車が走る擬音語）
ティティティティ　ティティパンパン

楽しいリズムの上に、さびが発音しやすいせいか、子どもも丸暗記して一緒に歌ったものです。適当に日本語に訳して歌ったりもしました。「バスに乗って高速道路を風のように走ろう♪　海の音が聞こえてくるよ♪」といった感じです。慣れてきてからは、三行目の歌詞を我が家の物語に変えて歌いました。

ボスルルタゴ　コソッドロル
バラムチョロム　ダルリョカザ
ケイちゃんとアッパと　オムマと三人で
ティティティティ　ティティパンパン
ティティティティ　ティティパンパン

お風呂でも、公園でも、自転車の後ろに子どもを乗せながらも、一緒に楽しく歌いました。

夜子どもを寝かすときは、チャジャンガ以外に、本を読むか「お話」をしてあげました。お話好きの息子は、絵本を一冊読んだくらいでは満足してくれません。電気を消して寝かしつける時は、チャジャンガの他にお話をしてあげました。

絵本を思い出しながら話すのですが、こちらも眠いのでよく思い出せません。最初は真面目に話をしてあげましたが、ネタを切らした私はどんどんストーリーを膨らませます。別の人物が登場したり、好きな女の子にばったり会うなど、話の内容がエスカレートしていきます。意外にもこれが息子に受けて受けて、笑う笑う。「おもしろくして～」とリクエストされて、毎晩違う話を作り出しました。面白がる息子に私の創作童話の世界は広がって行き、寝かせるために入った部屋は暗闇の中から笑い声で賑やかでした。もちろん日本語での話です。

夫は、その点違います。いわゆる「昔話」、「桃太郎」「猿蟹合戦」のような日本のものから、「シンデレラ」「白雪姫」のような外国のものまで、そのまま語って聞かせていました。息子に「アッパもおもしろくして～」とねだられることがあり、注文に応えようとしたのですが、「かえって新しく話を作ると、自分でもこんがらがって疲れる」と、「おもしろいのはオムマにおまかせ」と逃げていたそうです。

振り返ってみると、国際結婚の上に、外国での子育ては大変な面もありましたが、日本や韓国の子育て事情や子どもの世界、また私を育ててくれた両親について考える貴重な時間でもありました。「子どもを育ててみないと親心が分からない」といった韓国の先人からの教えが少しは分かったような気がします。そして何よりも、我が子と一緒に過ごしたかけがえのない時間を持ったことです。

三 国境を越えた子育てと子守唄

私は大学院での研究を通じて、首都圏（主に東京都、神奈川県）と農村部（山形県）に在住している韓国人女性に聞き取り調査を行いました。韓国人女性の来日動機は、都市部と農村部では大きな偏りがあります。首都圏では、国際結婚の他に、留学や仕事のために移動した人が多いのに対し、農村部ではほとんどの人が日本人男性との結婚のためです。細かい内容については、近刊予定の著書（『韓国人女性の国際移動とジェンダー』）にゆずることにして、ここでは国際結婚をした韓国人オムマたちの共通の悩みについてふれたいと思います。

日本人男性と国際結婚した韓国人オムマの悩みは、子どもの国籍問題と、教育とりわけ言語の問題です。日本の国籍法は、「二二歳までは韓国と日本との重国籍を認める」としています。裏を返せば「二二歳になったら、韓国と日本とのどちらかの国籍を選択する」ことを義務づけており、子どもが成人した後はどちらかの国籍を選択しないといけません。なお、韓国では一九九八年六月一三日から女性も単独で戸籍を持てるようになり、外国人と結婚した韓国人女性の子女も二重国籍が可能になりました。しかし、韓国の国籍法の改正から歴史が浅いことや、生活の場が日本にあることから、日本の国籍を選択する人が多いようです。

一方、子どもの言語問題はどうでしょうか。韓国人オムマであれば、誰でも子どもに韓国語を覚えてほしいと願います。最も自然に韓国語を覚えるのは、子どもが幼い頃に韓国で生活することです。たとえば、Aさんは、長男は小学生の間を、次男は幼稚園から小学生にかけて五年ほどを韓国で過ごしており、子どもたちが自然に韓国語を話せるようになったそうです。

しかし国際結婚者の中で、韓国で生活できる人は少数派です。ほとんどの人は、日本で生活しながら子どものバイリンガル教育を試みなければなりません。首都圏では、韓国学校（朝鮮学校）に通う方法の他に、同校が主催する「土曜学校」に参加するなど、一定の教育機会に恵まれることが比較的多くあります。また、同国人によって設立される宗教施設に所属し、生活や経済的に必要な情報や機会を交換できる社会的ネットワークも豊富です。韓国人の場合はキリスト教会が活発な活動をしており、「日曜学校」などを通じて、子どもたちに韓国語を教え、友だちづくりを進めさせる機会が提供されます。

多文化共生を目指した日本の地域の活動も活発になっています。在日コリアンが数多く住んでいる川崎の「桜本保育園」は、李仁夏《イインハ》前園長の娘さんが国籍を理由に幼稚園に入園できなかったことをきっかけに、一九六九年に設立されました。当初は在日コリアンの子どもが入園できる保育園として開園されましたが、ベトナムやフィリピン、ブラジル、ペルーなどの出身者が増えたことから、現在は「多文化子育て」を支える場になっています。

また、外国籍住民の密集地域を中心に公立保育園の活動も増えています。たとえば、横浜市立北上飯田保育園は日本の子どもが二一名に対し、ベトナム二五名、中国二〇名、他ペルー、タイ、フィリピンの子どもたちが在籍しており、多文化共生保育が進められています。

うちの子が通っていた地域の公立学校は、一〇〇名ほどの児童の中で外国籍の子供が二〜三名ほどと多いとは限りません。ところが、小学五年生の時、理解のある先生方の企画により韓国を知る機会が与えられました。韓国語で挨拶をし、食べ物や民族衣装などを紹介した後、希望者には衣装を着てみるといった体験時間も設けられました。後で渡された子どもたちの感想文からは、「韓国について初めて分かった」「韓国に興味がでてきた」「韓国に行ってみたくなった」などが書かれており、子どもたちへの異文化教育の大切さを感じました。

さて、私も最初は子どもにバイリンガル教育を意識していました。私のことを「オムマ」、夫を「アッパ」と呼ぶようにしたことや、韓国語で唄を歌って聞かせていたことは、そうした試みの一つでもありました。しかし、周りが日本語をしゃべっている中で、子どもが韓国語を学ぶ環境は決して好ましくないのです。しかも学生の身分でもあった私は、子どもにバイリンガル教育をする時間的・精神的余裕を持っていませんでした。子どもに韓国語を習ってほしいと思う気持ちは大きかったのですが、成功したとは言えません。私のような経験は、大勢の韓国人オムマが経験することでもあります。

たとえば、山形県在住のBさんはこう言います。「子どもが五歳の時、六ヶ月ほど韓国語を教えました。しかし、幼稚園ではだれもが日本語を使っているのに、なぜ自分だけ韓国語を習わないといけないのか不満そうでした。そのストレスのせいか、子どもがどんどん暴力的になっていくのを見て考え直しました」と体験談を語ってくれました。都市部と比べて農村部では、韓国語を勉強できる教育機関が少ないだけでなく、日本人家族や周りが外国人に対して閉鎖的な人も多く、子どもたちに韓国語を習得させることは一層困難な状況です。

しかし、一方では「新しい風」を巻き起こす動きもあります。「ムラの国際化」がすすんでいる山形県では「言葉の見えない国際化」を憂慮し、一九九〇年代後半から理解のある活動家やアジアの昔語りの会の主催のもとで、外国人花嫁の母語による民話の語りが進められています。山形県からの取り組みは、首都圏にも影響を与え、昔話の語りや、チャジャンガを通じた母国文化の紹介などが広まっています。

女性の視点から口承文芸を研究している山形県出身の野村敬子さん、山形県在住の庄司明淑さんや船橋市在住の金基英《キムキヨン》さんの活動がそれです。庄司さんの語りによる韓国昔話は野村さんの採録によって『明淑さんのむかしむかし』が出版されています。また、金基英さんの語りに基づいた『キムさんの韓国民話』も数少ない韓国民話を知る上で欠かせない本です。

二〇一一年一二月には、東京学芸大学フォーラムとして「子守唄と民話」が開催されました。金基英さんが「韓国の子守唄と民話」という講演をされていました。民俗衣装のチマ・チョゴリを着た金さんは、韓国語で「ソムチッアギ」を歌っており、目には涙が浮かんでいます。私の目にも涙が滲《にじ》み、海を越えて、国境を越えて歌い継がれる韓国の子守唄に再び魅了されました。このような活動を続けることによって、韓国だけでなく、外国出身の母親に子育てへの大きな励みになるでしょう。ひいては、外国人ママたちの母国に対するアイデンティティの再認識、その母親・父親を持つことにより多文化の境界で生きる子どもたちの誇りは大きくなっていくでしょう。

話をBさんに戻します。子どものバイリンガル教育について考え直したBさんは、日本での子育てについて考えました。韓国人オムマとして、子どもたちのために何ができるかを。「子どものためにも、まず私自身が変わらないといけないと思いました。日本語を勉強しなければ！と決意したんです。出産二ヶ月後から早くも、地域のボランティア団体が主催する日本語の勉強会に参加し、五年間続けました。他の子から、〈あの子のママは日本語もできない〉と聞きたくないためにも、一生懸命日本語を勉強しました」と語りました。

日本語検定の一級を取ってから、同一ボランティア団体で地域のために活動を始めました。「今まで助けられてきたのだから、これからは助ける立場になりたい」と思ったからです。一九九〇年代後半から彼女は、地域の外国籍女性のための医療通訳や生活相談、児童への日本語指導などのボランティア活動をしています。

一方、二つの文化の中で生きていく子どものために、あえて第三の言語、とりわけ英語の習得に熱心になるオムマもいます。韓国と日本は「単一文化」社会を主張しており、外国の文化の流入について閉鎖的な政策を取っています。その理由の一つに韓日関係や歴史の問題があります。既知の通り、韓国はかつて日本帝国主義に三五年間（一九一〇年八月～一九四五年八月）植民地にされました。過去の不幸な歴史は、韓国人との国際結婚の間で生まれた子どもたちにネガティブな影響を及ぼす恐れがあり、アイデンティティの揺れを経験した人も少なくないでしょう。そのような悩みを乗り越える一つのツールとして、今や国際言語として通用する英語を我が子に習得させようと考える韓国人オムマは多いのです。

現在は高校生になった子どもを持つCさんもその一人です。韓国社会を経験させるために、幼い頃から子どもと一緒に韓国に行きました。しかし、韓国社会では〈日本人〉扱いされ、日本社会では〈韓国人、もしくは外人〉扱いされ、それぞれで差別される辛い思いをされてしまいました。その経験から彼女は、子どもには自分のアイデンティティを構築できる新しい世界、多くの人種が集まるアメリカのような第三の国で生活する機会を持つことを望んでいます。

ハロウィンパーティーの様子（2003 年 10 月）

その点、私は、どこにいても、コミュニケーションを取り、力強く生きていく力を持った子どもになってほしいと願い、小さい時から外国人と接する機会を作りました。最初は、小学三年生の時から、近所の子どもと一緒にアメリカから来日したネイティブの先生（二〇代後半の男性）のもとで英会話を習わせたことです。ネイティブ・アメリカンの祖先を持っている先生は、勉強というより、子どもたちと一緒になって遊び、ゲームを楽しむ時間をたくさん作りました。子どもたちも「〇〇先生！」とよくなつき、背中に乗ったり、一緒に手を組むなど、日本の教育環境とは異なる体験をしました。

次の機会は、小学四年生の時、子どもが自ら、「一人で韓国に行きたい」ということでした。大好きなチャグンサムチュン（下の弟）に誘われたことがきっかけのようでした。飛行機の事情から一人で行くのは実現できなかったのですが、一緒に行って私だけ先に帰り、子どもはサムチュンの家族と一ヶ月過ごすという日程です。その期間中、子どもは韓国人の友達を作り、しかも一緒に遊んだ女の子からは「○○オパ！サランへ」というラブレターまで持ってきました。

次は、小学五年生の時に、韓国で夏休み期間中に開かれた三週間の英語合宿に参加してきたことです。参加への返事はしたものの、緊張したのか、最初は不安そうな表情です。会場に一緒に行った私は、ルームメートの男の子と話しているうちに、日本のポケモンが好きであることが分かりました。ポケモンの好きなうちの子は大喜び、すぐ溶け込んで話し合う二人です。「オムマはいつまでいるつもり？」と言われ、私は安心して会場を後にすることができました。合宿で知り合った男の子とは、韓国を訪れるたびに一緒に遊び、友情を深めています。「かわいい子には旅をさせろ」とのことわざがあるように、子どもに未知の世界と接する環境を作ってあげたことは今はできない貴重な機会だった思います。

子守唄の話に戻ります。Dさんは、日本語を勉強するために来日し、現在の夫と知り合い結婚しました。日本語があまりできなかった彼女は、主に韓国語のチャジャンガを歌ってあげました。日本語の歌も意識し、テープやCDを聞かせています。

日本語の子守唄はできませんでしたが、好きだった絵本を代わりに積極的に読んであげました。その経験を通じて彼女は、自らが幼い頃に読んだお話が日本の本であったことに気づきます。著作権法に厳しくなかった一昔前までの韓国では、日本の本や漫画を韓国人の名前で出版するのは珍しくありませんでした。子どものころ好んで読んだ「桃太郎」や宮沢賢治の作品が、日本の本であったことを知り、外国としての日本ではなく、「子供の頃読んだ本の国」という親しみがわいてきたそうです。

四　多文化社会の日本を目指して

グローバル化の波にのって韓国と日本はヒトの移動だけでなく、文化の移動を促します。今や韓流ブームの影響で、K―POP、映画、ドラマを見て韓国語を学び、上手に話す日本人が増えています。一方では、男の子の間ではやっている「ナルト」や「ワンピース」は、韓国に住んでいる甥や姪が好んで見ています。根深い文化の交流はすでに本格化しており、両国間の民間レベルの絆は強いものになっています。幼い頃に見たメディアが描く、憧れる国（地域）に対する「想像の世界」がヒトの移動を促すといった、インド生まれの文化人類学者のアルジュン・アパデュライ（Arjun Appadurai）の文献を引用するまでもなく、幼い頃から接してきた言語や文化への関心は、両国間の揺れがたい懸け橋になってくれることを期待しています。

外国人女性と日本人男性との国際結婚が増えています。二〇一〇年末の法務省入国管理局のデータによると、外国人登録者は二一三万四一五一名です。これは、二〇一〇年度の国勢調査結果による、日本の総人口一億二八〇五万七三五二名の約一・六六％に達する値です。外国人登録をしていない短期滞在者を含めると、その数はさらに増加します。全外国人のうち、女性は一一六万一六七〇名で五四％と過半数を占めています。

同時に注目すべきことは、日本における国際結婚の増加です。一九八〇年度には全婚姻件数の約〇・九％であったものが、二〇〇九年度で約四・九％に達し、約三〇年間で五倍以上の増加を示しています。そして、国際結婚の内訳は「日本人男性と外国人女性」の組み合わせが常に圧倒的に多い状況です。

外国人女性の国別内訳は、一九八〇年代初めはフィリピン、タイなどの東南アジア出身者が多く、その後韓国や台湾、近年では中国人女性が増加しています。こうした国際結婚の増加は、外国人を母に持つ子どもの増加、外国人母による子育ての増加を意味します。どこの国の出身であっても、母親は、子どもの国籍やどの言語で子育てを行うのかという、私が味わってきたのと同じ悩みを抱えることになるでしょう。母親たちは、かわいい赤ちゃんに、どこの言葉でどんな子守唄を歌ってあげるのでしょうか。その子どもたちはまた、二〇年後三〇年後に、どこの言葉でどんな子守唄を、次代の赤ちゃんに歌ってあげるのでしょうか。私は、息子の子ども、私の孫に、どんな子守唄を歌ってあげているのでしょうか。ずいぶん先のようですが、その時代はいずれ確実にめぐってくるでしょう。「国境を越えた子育てと子守唄」は、あなたにも決して他人事ではなくなるかもしれません。

【参考文献】

・Arjun Appadurai, 1996, Modernity At Large: Cultural Dimensions of Globalization, Minneapolis: University of Minnesota Press.（アルジュン・アパデュライ著、門田健一訳『さまよえる近代―グローバル化の文化研究』平凡社、二〇〇四年）。
・石井正己編『昔話にまなぶ環境』三弥井書店、二〇一一年。
・小熊英二編『単一民族神話の起源―〈日本人〉の自画像の系譜』新曜社、一九九五年。
・姜尚中『母～オモニ～』集英社、二〇一〇年。
・姜尚中『トーキョー・ストレンジャー～都市では誰もが異邦人～』集英社、二〇一一年。
・（財）神奈川県国際交流協会『Hello Friends』No. 227、二〇〇二年。

・野村敬子編『明淑さんのむかしむかし』かのう書房、一九九五年。
・野村敬子編、藤田のりとし絵『キムさんの韓国民話』星の環会、二〇〇一年。
・野村敬子『語りの廻廊―聴き耳の五十年』瑞木書房、二〇〇八年。
・ペク・チャンウ詩、ハン・ジヒ絵、大竹聖美訳『チャジャン歌』古今社、二〇〇三年。
・柳蓮淑『韓国人女性の国際移動とジェンダー』明石書店、二〇一三年。

世界の子守唄

有澤　知乃

一　子守唄の多様性

ぐずる子どもをあやして寝かしつけるのは、どの国でも容易なことではありません。早く寝てくれないと、大人は自分たちの仕事に取りかかれなくて困るのですが、早く寝てほしい時ほど、いつまでもだだをこねたり、よけいに大声で泣きじゃくったりするものです。子どもを寝かしつける苦労というのは、万国共通です。子守唄は、母親が歌うものと思われがちですが、世界には、父親や、おじいさんが歌って聞かせる子守唄もあります。また、日本の多くの子守唄が、子守り奉公に出された娘達によって歌われたように、外国にも守子《もりこ》によって伝わったと考えられる子守唄があります。

子守唄は英語で「Cradlesong（揺《ゆ》り籃《かご》の歌）」といいます。中国語でも、同じく「揺籃曲」です。揺り籃の中で、ゆらゆらと揺らされているうちに、赤ん坊はここちよい眠りにつくのでしょう。揺り籃はまた、船の形に似ていますから、ヨーロッパでは、船や海をテーマにした子守唄が多くみられます。特に、地中海沿岸地方では、揺り籃をゆらすリズムとぴったり合った、バルカロール（舟歌）風の、八分の六拍子の子守唄がたくさん伝わっています。一方、日本の子守唄は、揺り籃に入れて前後に揺らしながら聞かせるというより、おんぶされた背中で聞くものというイメージのほうが強いでしょうか。

また、子守唄は英語で「Lullaby（ララバイ）」ともいいます。語源については様々な説がありますが、「ララ」は、子どもを寝かしつけるときに繰り返す言葉で、「バイ」はもともと「寝る」という意味だったとも考えられています。(1)つまり、「ラララ」と歌いながら、子どもを眠りにさそうものなのです。日本の子守唄でも、「ねんねん」「ねんねこ」「よしよし」などの代表的な言葉の外にも、「おろろん」（熊本県）や、「うるるん」（山形県）など、様々な「寝かし言葉のフレーズ」がみられます。(2)各国にも、「ナナ」（スペイン）、「ニネナネ」（イタリア）、「ドド」（フランス）など、様々な寝かし言葉のフレーズがあり、子守唄の豊かなバラエティーが広がっています。(3)

子どもを寝かしつける「技」や「知恵」にも、お国柄があります。私が子どもの頃は、「早く寝ないと鬼がお前を食べにくるよ！」と母親に脅かされて布団に入ったものですが、中央アメリカ、ホンジュラスには、「寝ないとコヨーテがお前を食べにくるよ！」と歌う子守唄があります。(4)草原オオカミといわれるコヨーテは、夕暮れ時になると甲高い声で呼び合います。その声の主が来ると脅かされたら、子どもは縮みあがるに違いありません。世界の子守唄には、子どもが怖がる様々な動物や妖精が登場します。中には大人もゾッとするような生き物が出てきます。

子守唄の世界には、その社会に生きる人々の、子どもに対する思いや知恵があふれています。子どもは両親にとっての宝であることはもちろん、共同体にとっても、将来を担う大切な存在です。生まれて来た赤ん坊に歌い聞かせながら、大人達は子どもに何を願い、どのような希望を託してきたのでしょうか。世界に伝わる子守唄を通して歌い継がれて来た、子どもに対するさまざまな思いについて考えてみたいと思います。

二　子どもが怖がってベッドに駆け込むもの

子守唄は、「眠らせうた」「遊ばせうた」「嘆きうた」「恨み節」などと分類されることがあります。(5)「眠らせうた」は、まさに子どもを眠りに誘導するための歌、「遊ばせうた」は、子どもの目が覚めている時に歌って遊ばせるもの、「嘆きうた」や「恨み節」は、子守り奉公に出された娘達が、我が身の不幸を嘆いたり恨んだりして歌うものと考えられています。それぞれ歌われる場面や目的が異なっていて、歌詞や音楽のリズムなども大きく異なっています。「眠らせうた」は、眠りを誘うものですから、ゆったりとしたリズムで優しくささやくように歌います。一方、遊ばせうたは、リズミカルでテンポの速いものが多くみられます。そして、「五木の子守唄」に代表される日本の「嘆きうた」や「恨み節」は、悲哀に満ちた旋律で切々と歌われます。ですから、「子守唄」と一口に言っても、その特徴は大きく異なっています。

ここでは、「眠らせうた」の中でも、優しく歌って心地よい眠りに誘う歌ではなく、聞き分けの無い子どもを怖がらせて、早く寝床に入らせる目的の歌を取り上げてみます。「早く寝ないと◯◯が来るよ！」の、◯◯にあたるものは何か、北米インディアンと、ドイツの子守唄を例にみてみましょう。

以下の歌は、アメリカン・インディアンの中でも、アリゾナ州北東部の砂漠地帯に居住するホピ族に伝わるものです。

ムンウ　ムンウ
クトズィト　アーマム
ナーミー　ポーキー
ノノヴァー　オーザー
スィキアーン　プター
ターイ　キアンーン　オー！
ウムユー　ウィキアー　ラーウー
ウィキアー　ラーウー
ハキー　ウィノーズ　トゥヤーター
トゥヴァー　ツォター　ショワーニー
カウンウ　パーキアンオー
プーヴァ　チョー　オー
カウングー　ショワーニー

フクロウ　フクロウ
大きなフクロウと小さなフクロウが
見つめあったり　にらみあったり
じろじろしてるよ
さあ赤ちゃん
ゆりかごからごらんなさい！
フクロウがお前を見ているよ
お前を見ているよ
泣いて黄色い目をした子は
食べちゃうぞ
泣かないで眠れ
子ども達よ　さあ泣かないで
そしたら我々は去って行くよ⑥

北米インディアンの中には、フクロウを死の神、または死人のメッセージを運ぶ動物と信じて畏《おそ》れる部族が多く存在するといわれています。「早く寝ないと食い殺される」と脅かされたら、どんな子どもでも震え上がってすぐにおとなしくなりそうです。フクロウは夜に活動する動物ですから、人々が異界の生き物、または神と信じて畏れていたのもうなずけます。

また、ホピ族では、赤ん坊が生まれた翌朝、崖の上で新生児の名付けの儀式を行います。父親が赤ん坊を抱えて、太陽の光を子どもの顔一面に浴びせます。出産を終えたばかりの母親は表に出られませんので、赤ん坊の祖母と叔母が、豊穣と恵み、そして母性のシンボルでもある、トウモロコシを振りながら、子どもの名前を何度も呼んで祈りをささげるというのです。[7]トウモロコシの茎についた毛は、人間に穀物の種を永遠に与えるために、自分を犠牲してくれた女神の髪の毛という神話が、北米インディアンの間に伝わっています。[8]フクロウの子守唄を赤ん坊に歌って聴かせる行為は、自然と共に生き、自然を敬い畏れてきた北米インディアンたちが、子ども達に共同体の神話を伝える儀式の一つであったかもしれません。

さて次に、動物ではありませんが、恐ろしい妖精が登場する子守唄がドイツに伝わっています。「ザンドマン（砂男）」という子守唄です。

ヴィア　コメン　アウステム　ムンデンランド
ミト　アイネム　ザクフォル　ジルベルザンド
ヴィア　シュテンアム　ベトライン　インデアナハト
ダンヴィト　ダスザクライン　アウフゲマハト
マハダイネ　アウグン　ルイグツゥ
ウント　シュルンムレ　グートドゥ
キンドラインドゥー！
ズーズー（シューシューシュー）………

我々は月の国から来た
砂の袋と銀のスプーンを持って
夜はベッドの傍らに立ち
お前の眼の上に砂を撒き散らす
だから眼を閉じて眠りなさい
ザンドマンは最後にたった一度だけ
ちらっと覗《のぞ》いて去っていく
よしよし、よしよし………[9]

ザンドマンは民話などに登場する小人で、月の国から来た男の小人です。夜になると砂袋をかかえてやってきて、砂を子どもの目に投げつけます。ドイツのお母さんたちは、「早く寝ないと、ザンドマンが来るよ」と脅かして、子どもを寝かせるのです。歌の最後、「ズーズーズー（または、シューシューシュー）」というのは、お母さんが子どもを寝かしつける時に口から発する音です。

この「砂男」伝説をもとに、ドイツの作家、エルンスト・ホフマンが短編小説を書いています。多感な少年ナタニエルは、いつも母親に、ザンドマンが来るから早くベッドに入りなさいとしかられていました。ある日、ナタニエルは婆やに、ザンドマンとは本当に存在するのか、存在するとしたら、いったいどんな男なのかと尋ねます。すると、婆やはこうこたえます。「ぼっちゃまはご存知なかったのでございますか？　悪い男でございますよ。子供たちがベッドにいきたがらないとやってきて、お目めにどっさり砂をなげこむのでございますよ。すると目玉が血まみれになってとび出しますね。砂男は目玉を袋に投げこみまして半分欠けたお月さまにもち帰り、自分の子供に食べさせるのでございますよ。砂男の子供たちは半月の巣の中におりましてね。ふくろうみたいに先のまがった嘴《くちばし》をもっていて、その嘴で夜ふかしの子供の目玉をつつくのでございますよ」(10)。ナタニエルは、この話を聞いてから、ザンドマンの姿に怯《おび》え続けます。そして、毎夜、父親を訪ねてくる弁護士をザンドマンだと信じ込み、その男が自分の目玉を奪いにくるのだという幻想に取り付かれてしまうのです。

ホフマンの小説に描かれた少年のように、ドイツの子ども達は、ザンドマンに恐れをなすのでしょうか。「目を取られる」と脅かされたら、眠くなくても、ぎゅっと目をつぶって布団にもぐり込むに違いありません。他にも、韓国の子守唄には、「トッケビ」という鬼や、背中に籠《マンテ》を背負った「マンテじいさん」が登場して、「早く寝ないとトッケビが来るよ」、「マンテじいさんの籠に入れて連れていかれるよ」という具合に、子どもを脅かすものがあります。[11] 世界各国、なかなか寝ない遊び盛りの子を、震え上がらせてベッドに入れるために、様々な妖精や鬼が活躍してきたのです。

三　「〇〇が寝ているから、お前も寝なさい」と歌うもの

子どもを寝かしつける「眠らせうた」には、震え上がらせるものだけでなく、「〇〇が寝ているから、お前ももう寝なさい」と、優しく語りかけるものもあります。例えば、スイスの子守唄には羊がよく登場します。
ニーナ　ブッシ　シュロフ
ウフ　デー　マッテ　ヴァイデ　ジョフ
イー　デー　シューレ　ドゥランメリ
シュロフ　ミ　リエブ　クリ　アンゲリ！
赤ちゃんどうかお眠りなさい
羊が一頭ほし草のうえ
子羊さんは母さんと一緒に
今はすやすや眠っているはず！[12]
羊の家族も、子どもを寝かせるのは母親の役目なのでしょうか。牧草地帯の広がるイギリスの子守唄にも、羊がよまれています。例えば、「花は眼を閉じ、羊は眠っているよ、星は登り、月がのぞいているよ、鳥が静寂を保っているうちに、私の赤ちゃん、お眠りなさい」といった子守唄が伝わっています。[13] 身近にいて、子どももよく目にする動物、そして「家族」や「母子」を連想させるような動物が、子守唄の題材になるのでしょうか。

次の例は、カブトムシの家族が描かれた子守唄です。先にもフクロウの歌を取り上げた、北米インディアン、ホピ族に伝わる歌です。

プヴァ　プヴァ　プヴァ　おねむり　おねむり　おねむり
ホホヤウ　カブトムシの行列だ
シュポ　パヴェエ　互いの背中に乗っかって寝ているよ
ナーイ　キオ　キアンオ　だから私の赤ちゃんも私の背中でお眠り
プヴァ　プヴァ　プヴァ　おねむり　おねむり　おねむり
プヴァ　プヴァ　プヴァ　おねむり　おねむり　おねむり(14)

カブトムシが何匹も群れになって、重なり合って寝ているのでしょうか。ホピ族にとって、カブトムシの群れは大家族＝村の共同体の象徴なのかもしれません。「プヴァ」は「寝ろ」という意味ですが、日本の子守唄の「ねんねん」に相当する言葉と考えられます。

次のスウェーデンに伝わる「トロール母さんの子守唄」では、「トロール」という妖精のお母さんが、トロール語で、子ども達に「ねんねん……」と歌います。

ネー　トローム―　ハー　ラクト　トロール母さんが
セィーナ　エルバ　スモ　トロール　11匹の子トロールを寝かし
オ　ブンディト　ファス　ドム　イ　スバンーセン　尻尾で縛ると

ドー　シュンゲ　フン　サクタ
フェ　エルバ　スモ　トローレン
デー　バックラステ　オード　フン　シェンーネ
ホーアイアイアイブッフ
ホーアイアイアイブッフ
ホーアイアイアイブッフブッフ
ホーアイアイアイブッフ[15]

彼女の知っている
最も美しい詞（ことば）で
11匹の子トロールのために歌う

トロール（またはトロル）は、北欧に伝わる妖精です。国や地域によって、その特徴に違いはありますが、たいがい、毛むくじゃらで、醜い顔をした生き物として伝わっています。地域によっては、人間を食べてしまう、凶暴な妖精という伝承もあります。デンマークのハルフダン・ラスムッセンによる童話『5ひきのトロル』では、トロルの子どもたちは、人間の男をみつけて、頭から足まで全て食べてしまいます。これだけ聞くと、とても恐ろしい妖精に思えますが、この話には続きがあります。子トロルたちは、男を食べた後お腹が痛くなってしまいます。なぜなら、この男は、「焼酎とビールとウィスキーをたらふく飲んでいた」からです（一匹だけ、「ベジタリアン」の子トロルがいて、その子は、男を食べずにニンジンを食べていたので、この災難をまぬがれた、というオチもついています）。さて、子トロルたちは、食べた男をすべて吐き出して、もとの姿にもどそうと、手や足をくっつけはじめます。最後に頭をのせると男は歩き出しますが、後ろ向きにのせてしまったので、男は後ろを向きながら歩いて行くというお話です。凶暴なようで愛らしい、なんともユニークな妖精です。

子トロル
（ハルフダン・ラスムッセン『5 ひきのトロル』）

「トロール母さんの子守唄」が伝わるスウェーデンをはじめとする、スカンジナビア半島の国々では、トロールは小人の妖精と信じられてきました。先にあげた子守唄では、母さんトロールは、その長い尻尾で子ども達（11匹も！）を包み込み、「トロール語」で、「ホーアイアイアイブッフ」と歌いながら、子トロールを寝かせています。昼間、さんざん外でいたずらをしてきた子トロールたちも、お母さんの尻尾に巻かれると、安心して眠りの世界に入ることができるのでしょう。

四　男女別の子守唄

生まれてきた子は、まず、「男か女か」ということが重要になります。男の子も女の子も、将来は、それぞれ大切な男女の役割を果たすことになるのですが、共同体によっては、より強く男の子を望む場合もあります。中国がその例で、以下の「切り餅売りの子」という子守唄には、父親が息子を自分の商売の後継者として期待する気持ちがあふれています。

ウォータ　アル　　　　　　　　おれの息子
ウォータ　ジァオ　　　　　　　おれのいとし子
サンニェン　プージエン　チャンダ　チョーモ　カオ　　三年見ぬ間にこんなに背が伸びた
チーチョ　ウォータ　マー　　　おれの馬に乗り
ナーチョ　ウォータ　タオ　　　おれの包丁にぎり
ガンチョ　ウォータ　アンパン　マイ　チエカオ　　おれのまな板かついで　切り餅売る[16]

切り餅は、もち米ともち粟《あわ》をベースにした生地に、大豆などをいれて蒸籠《せいろ》で蒸したものです。蒸された生地を平たくのばして、一輪車に乗せ、街を売歩きます。お客さんは、端から生地を切り売りしてもらい、砂糖をつけて食べるのです。この北京周辺に伝わる切り餅売りの子守唄は、「遊ばせうた」の要素をもつものです。父親が、片言で話すようになった息子をあやしながら、将来はこの子が自分の片腕となって、一緒に切り餅を売りに街に出かけるようになり、いずれは後継ぎとして家族を支えてほしいという願いを込めたのでしょう。他にも、「饅頭《マントウ》売り」や「うどん売り」の息子の成長を願う子守唄も伝わっています。

一方で、女の子に対しては、商売の後継ぎとして期待することもなく、むしろ「育て損」と思われることが多かったのか、そのような子守唄がたくさん残っています。次にあげる歌は、同じく北京に伝わる「遊ばせうた」です。

ヤン　フオヂゥー　チー　コウロウ　　ブタは飼ったら肉くえる

ヤン　フオコウ　ホイ　カンジア　　イヌは飼ったら番をする
ヤン　フオマオ　ホイ　ナーハオズ　　ネコは飼ったらネズミとる
ヤン　フオニー　チョーヤートウ　ツオ　シェンマ　　この娘ばかりは育て損(17)

中国では、女の子は「賠銭貨」つまり、「損になる品物」だといわれて、嫌われた風潮がありました。「ブタやイヌのほうが役に立つ」と言われては、立つ瀬がありません。他にも、「娘は一生懸命育てても、いずれは嫁に行ってしまう」といった歌や、「たった豆腐三丁と酒二杯と交換に、他の家にもらわれてしまうから、育て損だ」といった歌がいくつもあります。これらの歌には、娘は育て損だという不満だけでなく、嫁ぎ先で苦労するであろう娘に対する憐憫《れんびん》の情が秘められているのではないでしょうか。

中国だけでなく、アラブ世界でも、男子を尊び、女子を哀れむ歌が伝わっています。生まれたばかりの子どもに割礼の儀式を行うさいに歌う、広い意味での子守唄では、男の子に対しては、希望に満ちた歌を捧げ、女の子に対しては、「おまえは将来いろんな苦労をするだろう」と言い聞かせるような歌を歌うことが多いといわれています(18)。

先ほどの、「切り餅売りの子」の歌は、父親が息子に対して歌っているものですが、北欧でも男が子守唄を歌う例が多いようです。北欧は冬になると外で仕事ができなくなりますから、ほとんどの時間を家で過ごすようになります。そうすると、女が火事をしている間に男が子守りをするので、その時、男が歌う子守唄が生まれます。また、南太平洋の島々では、おじいさんの集団が子どもに歌を歌ったりします。おじいさんたちは、民族や共同体の歴史を知っている長老たちですから、かれらが、将来、共同体の一員となる赤ん坊たちに、民族の歴史などを歌ってきかせ、民族の繁栄を願うのです。[19] こうなると、先ほどの割礼儀式で歌われる歌のように、子守唄は一種の祈りの詠唱といえるのではないでしょうか。

五　守子が歌う子守唄

かつての日本ほど、子守り奉公は定着していなかったようですが、以下の歌は、スリランカの子守唄のうち、母親ではなく守子《もりこ》の歌として伝わっているものの一つです。

ウンベ　アッパー　カルマ　カルイ　　あんたのお父さんは色黒ね
ウンバ　ナラワナ　ママット　カルイ　　子守りの私も色黒よ
ウンベ　アンマー　カルマ　カルイ　　あんたのお母さんも色黒ね
ウンバ　ヴィタラック　タラ　エラルイ　　だけどあんたは肌色なのよ[20]

スリランカでは、子どもにあまり「かわいい」と言い過ぎると、その子に何らかの災難が降りかかると信じられているので、かわりに「色が白い」といって子どもをほめるそうです。日本の守子のように、家族以外の娘が、子守りとして雇われるケースもありますが、奉公人として辛い日々を送っていた日本の守子たちが、自身の境遇を恨んだり、嘆いたりして誕生した「嘆きうた」や「恨み節」のような子守唄は、ほとんど存在しません。スリランカでは、上流階級の家庭であれば、教養の高い娘が子どもの養育係として雇われます。裕福な家庭でなければ、貧しい農村から奉公人が来ますが、その場合も、子守りだけでなく家事全般に携わる場合が多く、日本のように子守り奉公の娘たちが集まって、互いに嘆きあうような場はなかったと考えられています。(21)

社会の階層化によって、子守りの階層ができて、わが子ではない人の子どもをあやし、おもりをする仕事が成立しました。兄弟姉妹や親戚の子どもであれば、わが子のように世話をすることもできるでしょうが、赤の他人の子どもの、（しかも、だだをこねて、いうことを聞かない子どもの）子守りをするというのは、大変根気のいる仕事だと思います。群れになって嘆く場がなかったという、スリランカの守子たちは、どのように子守りのストレスを発散していたのでしょうか。上にあげた歌では、「あんたは肌色なのよ」と、子どもをほめていますが、この歌を歌った子守り奉公の娘達にも、雇われていた家庭での苦労があったにちがいありません。裏をかえせば、「あんたは、かわいい顔して何もしらずに、いい気なもんね」という意味を込めた、「恨み節」の側面もあったかもしれません。

六　子守唄のこれから

数少ない例をあげてみただけでも、世界に伝わる子守唄の多様性がみえてきます。それぞれの地域の気候や風土によって、歌に詠み込まれる風物も様々です。共同体の階層分化や、父親、母親の役割によって、誰が子守りをするのかも異なりますし、社会の子どもに対する価値観の違いによっても、子守唄の内容は変わってきます。今日の日本では、「イクメン」が増えているということですから、男性も子守唄を歌うようになるでしょうか。男の子守唄といえば、一節太郎が歌う「浪曲子守唄」（一九六三年）

を思い出す人も多いかもしれません。「逃げた女房にゃ未練はないが、お乳ほしがるこの子がかわい、子守唄などにがてな俺だが、馬鹿な男の浪花節、一つ聞かそかねんころり」という歌詞から、この歌が、いわゆる「嘆きうた」としてのテーマを扱っていることは明らかです。昨今の「イクメン」たちの中にも、社会からの（妻からの）プレッシャーで「イクメン」にならざるをえなかった男達がいるかもしれません。そんな彼らは、隠れて、「嘆きうた」を歌うのでしょうか。

また、最近は、世界の子守唄を収録したCDも、日本国内や海外で販売されていますが、赤ん坊のころから、「国際感覚」を身につけさせようという親の決意が表れているようにも思えます。

子守唄は、子どものための歌であると同時に、歌っている大人のための歌でもあります。大人たちは、歌うことで、社会や家庭における自らの役割を再認識し、そして子どもの成長を想像しながら、自分の将来の姿も心に描くのではないでしょうか。子守唄には、大人たちの、期待や不安の混ざった、複雑な思いが込められています。何も知らない子どもは、ただ、すやすやと眠るだけです。

【注】

（1）ララバイの語源は、ユダヤの伝承において、アダムの最初の妻であったという荒野の魔女の「リリト」に由来しているという説もある。リリトは、夫アダムを奪ったエバに恨みを持ち、人間の子どもをさらう魔女であり、「ララバイ」は「リリトよ去れ」という意味であるという説もみられる（秋山 1981: 95)。

（2）尾原（1981: 118-130)。

（3）Cass-Beggs 1993［1969］: 5-6)。

（4）Cass-Beggs（1993［1969］: 90-91)。

（5）小泉（1981: 77-81）。
（6）Curtis（1921: 557）。文中の英語歌詞をもとに、筆者が日本語訳を行った。
（7）Curtis（1921: 554-557）。
（8）トムスン（1970: 90-91）。
（9）Polee and Rosenberg（1997: 62）。文中の英語歌詞をもとに、筆者が日本語訳を行った。
（10）池内（1984: 151-152）。
（11）ペク（2003: 41）。
（12）Polee and Rosenberg（1997: 24）。文中の英語歌詞をもとに、筆者が日本語訳を行った。
（13）Knudsen（1967: 56-57）。
（14）Curtis（1921: 555）。文中の英語歌詞をもとに、筆者が日本語訳を行った。
（15）歌詞のカタカナ表記及び日本語訳はヨーテボリ大学のショール・マテ氏による。
（16）瀬田、馬場（1986: 68）。
（17）瀬田、馬場（1986: 80）。
（18）小泉（1981: 85-86）。
（19）小泉（1981: 76-77）。
（20）中村（2000: 60）。
（21）中村（2000:57、62-63）。

【参考文献】

・秋山さと子「メタファーとしての子守唄」『ユリイカ』第一三巻第一〇号、一九八一年。
・池内紀編訳『ホフマン短編集』岩波書店、一九八四年。
・尾原昭夫「子守唄のモチーフ：あやしことばの歴史と変遷」『ユリイカ』第一三巻第一〇号、一九八一年。
・小泉文夫「子守唄って何だろう」『ユリイカ』第一三巻第一〇号、一九八一年。
・瀬田充子、馬場英子編訳『北京のわらべ唄Ⅰ』研文出版、一九八六年。
・トムソン・S編、皆河宗一訳『アメリカ・インディアンの民話』岩崎美術社、一九七〇年。
・中村禮子「スリランカの『子守唄』に関する一考察」『龍谷大学国際センター研究年報』第九号、二〇〇〇年。
・ペク・チャンウ詩、大竹聖美訳『韓国子守唄　チャジャン歌』古今社、二〇〇三年。
・ラスムッセン・ハルフダン作、やまのうちきよこ訳『5ひきのトロル』ほるぷ出版、一九八四年。
・Cass-Beggs, Barbara, and Michael Cass-Beggs. 1993［1969］. Folk lullabies of the world: seventy-seven traditional folk lullabies from every corner of the globe. London: Oak Publications.
・Cutis, Natalie. 1921. Indian cradle-songs. The Musical Quarterly, Vol. 7, No. 4（Oct., 1921）, pp.549-558.
・Knudsen, Lynne. 1967. Lullabies from around the world. Chicago/New York: Follett Publishing Company.
・Polee, Mathilde and Petra Rosenberg. 1997. The lullaby treasury: Cradle songs from around the world. Edinburgh: Floris Books.

人魚姫のメタモルフォーゼ

中丸　禎子

一　はじめに

わたしは、王子様のお世話をしてあげよう。王子様をお慕いしよう。そして、このわたしの命を喜んでささげよう！（アンデルセン「人魚姫」一四八頁）

海の底に棲《す》む人魚姫が、人間の王子に恋をし、家族を捨て、声を捨てて、脚を持つ人間の姿になり、王子のところへ向かうものの、王子は隣国の王女と結婚し、人魚姫は海の泡になって消えてしまう――デンマークの作家ハンス・クリスチャン・アンデルセンの『人魚姫』（一八三七年）は、八〇ヵ国語以上に翻訳され、世界で最もよく知られた童話の一つです。日本でも、高須梅渓《たかすばいけい》訳「人魚物語」（一九〇四年）以来、実に一〇〇年にわたって翻訳され続けています。原作がよく知られているだけでなく、他の文学作品や映画、漫画、アニメ、ゲームなどにも少なからず影響を与えていますから、どこかで触れたことのある人も多いのではないでしょうか。

アンデルセンが生まれた一八〇五年は、ナポレオン戦争のさなかでした。フランス革命後、皇帝となったナポレオンが、近隣諸国へ進出していくにつれ、ヨーロッパ各国では、「国民国家」というまとまりが強く意識されるようになり、国民に共通の言語や歴史、そして民話（民衆の間に口承で伝えられた昔話）の体系化が進められました。ドイツのグリム兄弟が、民話を収集して『グリム童話』（初版一八一二年）を刊行したり、ドイツ語の辞書を編纂したりしたのも、こうした文脈によるものです。他のドイツ・ロマン派の作家たちも、次々と民話を題材にした詩や小説を書きました。

ドイツに隣接したデンマークでも、ドイツ・ロマン派の影響は強く表れました。アダム・エーレンスレーヤは、詩『黄金の角笛』（一八〇二年）で、北欧独自の宗教を強く意識し、キリスト教の神ではなく古代北欧の神々をたたえました。ニコライ・グルントヴィは、ラテン語中心の学校教育を批判し、デンマーク語の重要性を説くとともに、北欧神話や、デンマークの風土、自然、農民の生活などを題材とした詩や賛美歌を作りました。アンデルセンの幼少期の一八一〇年代から二〇年代にかけて、デンマークの各地で民話が収集され、民話集が次々と刊行されました。

アンデルセンも、民話に強い関心を寄せ、自分や家族、そして当時の社会を童話風に書いたり、既存の民話を自身の体験を踏まえてアレンジしたりしました。『人魚姫』は、ヨーロッパのさまざまな人魚伝説を題材に、エズヴァート・コリーンという男性への失恋体験を描いた作品です。人魚から人間へ、人間から「空気の娘」へと姿を変えながら、王子に対して変わらぬ愛を持ち続ける人魚姫。その物語の中には、ヨーロッパの人魚伝説が、少しずつ姿を変えて取り入れられているのです。この章では、伝説上の人魚たちが、どのようにして人魚姫になったのか、その変遷《へんせん》を追いかけてみたいと思います。

二　人魚の歌声

おまえさんは、この海の底にいるだれよりも、一番いい声を持っておいでだね。その声で王子をまよわすつもりだろうが、わたしのほしいっていうのは、じつは、その声なんだよ。（アンデルセン「人魚姫」一四一頁）

王子と結婚するためには、魚の尻尾ではなく脚を持った、人間の女性にならなくてはいけない――そう思った人魚姫は、海の魔女のところへ向かいます。人間になるための薬の代償として、魔女が要求したのが、人魚姫の声でした。そして、この声こそが、伝説上の人魚の最も重要な性質でした。

ヨーロッパの人魚の源流は、ギリシア神話のセイレーンです。といっても、古代ギリシアのセイレーンは、半人半魚ではなく、人間の女性の顔をした鳥と考えられていました。セイレーンは美しい声で歌を歌います（このことから、「サイレン」という言葉が生まれました）。すると、船乗りはその歌に聞きほれ、舵《かじ》を取ったり櫓《ろ》をこいだりすることを忘れて遭難してしまうのです。

セイレーンが登場する最古の文献は、伝ホメロス『オデュッセイア』（紀元前八世紀）です。『オデュッセイア』は、トロイア戦争終結後、故郷を目指す英雄オデュッセウスの一〇年間に及ぶ漂流を描いた叙事詩です。セイレーンたちの棲む島のそばを通過する際、その歌を聞いた者は、島から離れられなくなって死んでしまうため、オデュッセウスは、船乗りたちに蝋《ろう》で耳栓をさせます。しかし、自分だけはセイレーンの歌を聴きたかったので、誘い出されないようにマストに体を縛りつけて、セイレーンの歌を聴くのです。セイレーンは歌います。「聞いた者は心楽しく知識も増して帰ってゆく。わたしらは、アルゴス〔ギリシア〕、トロイエの両軍が、神々の御旨のままに、トロイエの広き野で嘗《な》めた苦難の数々を残らず知っている。また、ものみなを養う大地の上で起ることごとも、みな知っている。」（『オデュッセイア』三一九頁）。魔力を持つ歌でオデュッセウスの道行きを邪魔することから、セイレーンはしばしば「魔女」と説明されますが、すべてを知り、歌うという特徴から、芸術の女神ムーサ（ミューズ。「ミュージック」や「ミュージアム」の語源）と同一視する説もあります。重要なのは、『オデュッセイア』のセイレーンは、豊かな知識を持ち、死をいとわず聞きたくなるほど魅力的な内容の歌を歌うということです。歌を歌い、聞く者を死に誘うという点で、『オデュッセイア』のセイレーンは、後世の人魚像の原型となりました。

『オデュッセイア』には、セイレーンがどのような姿なのかは書かれていません。一方、ギリシアの美術作品には、竪琴《たてごと》や笛を持ち、死者を音楽で慰めながら冥府へと送り届ける、鳥の姿のセイレーンが多く描かれています。ギリシアの民間信仰において、鳥は、死者の魂を冥界に運ぶものでした。ヨーロッパ最古の「人魚」は、人間に死と音楽をもたらす、鳥の姿の女神だったのです。

紀元二世紀頃から、ヨーロッパには、キリスト教が広まり始めます。『旧約聖書』の「創世記」では、蛇にそそのかされたイヴが、アダムを誘って禁断の木の実を食べたため、二人は神の怒りに触れ、楽園を追放されます。このことから、キリスト教において、女性は、男性を誘惑し、破滅させる悪しき存在でした。マストに体を縛りつけてセイレーンの誘惑に耐えたオデュッセウスが、十字架にかけられたイエスと同一視される一方で、セイレーンは、イヴにたとえられ、現世で人間を惑わす快楽の象徴、さら

魚の尻尾と鳥のかぎ爪を両方持つ中世のセイレーン
フィリップ・ド・タオン『動物寓意譚』より

には、男性を堕落させる娼婦としてイメージされるようになります。中世のセイレーンは、しばしば櫛《くし》と鏡を持った姿で描かれますが、櫛と鏡は娼婦の持ち物であり、現世的な虚栄の象徴でした。こうして、セイレーンは、すべてを知る女神から、娼婦へと姿を変えました。

一方、水の上で人間に死をもたらすセイレーンのイメージは、キリスト教世界でも存続しました。セイレーンが、水との結びつきが鳥よりも強い魚の姿になるのは、キリスト教時代のことです。八世紀、イギリスの修道士マムズベリのアルドヘルムは、ケルト神話などをもとに、セイレーンは上半身が美しい女性、下半身が魚だという新説を発表しました。この説のもう一つの新しい点は、美しい声ではなく美しい姿をセイレーンの特徴としたことでした。これ以降、徐々に、セイレーンは、声よりも姿の美しさが強調されるようになります。そして、その姿は、魚の尻尾と鳥の羽やかぎ爪の両方を持つ姿を経ながら、だんだんと、下半身が魚の人魚の姿に固定されていきます。わたしたちがイメージする人魚には、たいていの場合、魚の尻尾が一つついていますが、中世には、二股の尻尾を持つ人魚も多く描かれました。スターバックス・コーヒーのロゴマークは、二股の尻尾を持つ中世のセイレーンを元にデザインされたものです。

　中世のセイレーンとよく似た水の魔物に、ドイツ・ライン河のローレライがいます。ローレライは、下半身が魚ではありませんが、やはり、黄金の櫛を持ち、長い金髪を梳《と》かしながら、美しい歌声で船乗りを惑わせて遭難させます。ライン河には、風が不思議な音をたてる交通の難所があり、その上に、ローレライという名前の岩が突き出ています。この岩に、恋人に裏切られて自殺した女性ローレライが棲んでいて、船を難破させるというのです。この物語は、ドイツ・ロマン派の作家クレメンス・ブレンターノの長編小説『ゴドヴィ』（一八〇一年）で紹介されています。現在では、ブレンターノの創作と考えられていますが、出版当時はブレンターノが収集した民話の一つとして広まりました。ハインリヒ・ハイネは、この物語をもとに詩「ローレライ」（一八二七年）を書きました。この詩には、フランツ・リストやクララ・シューマンら多くの音楽家が曲をつけました。中でも、フリードリヒ・ジルヒャーが作曲したものは、「なじかは知らねど　心わびて」という出だしの近藤朔風《こんどうさくふう》の名訳で、日本でも親しまれています。

　このように、伝説上の人魚は、美しい歌で人間の男性を惑わし、死に至らしめる存在でした。アンデルセンの『人魚姫』でも、嵐の中、沈みそうな船の前で、人魚たちは美しい声で海の底のすばらしさを歌います。人魚姫が、海の底の誰よりも美しい声を持つということは、他の人魚よりも嵐を呼ぶ力が強いということを意味します。人魚姫が初めて海面に浮かび上がって王子を見た夜、天気が急変して嵐になり、王子の乗った船が沈没します。この場面で人魚姫は期せずして、嵐を呼び寄せたのです。人魚姫が王子と結婚するためには、人間の男性に災いをもたらすその声を、捨てる必要がありました。同時にこの展開には、古代から中世にかけての人魚像の変遷も刻まれています。時代が下るにつれて、人魚の特性は、歌の内容（知識）から、美しい声、美しい姿へと変わり、同時に、人魚は、女神から魔物、そして娼婦へと身分を落としました。人魚姫は、声の代わりに美しい姿で王子を魅了するようになり、海の王の末娘から、王子に「可愛い拾いっ子さん」と呼ばれる、素性の分からない女性へと身分を落とします。無害で可愛らしい、何も主張しない女性として、人魚姫は、王子の束の間の寵愛を受けたのでした。

三　人魚の結婚

王子は、姫の赤いくちびるにキスをしました。そして、姫の長い髪の毛をなでながら、姫の胸に顔を押しあてました。姫の心は、人間としての幸福と不死の魂とを夢みごこちに思いつめていました。（アンデルセン「人魚姫」一四九頁）

人魚姫が求めたのは、王子の愛だけではありません。王子への思いと共に、いつも描かれるのが、「不死の魂」へのあこがれです。人魚には、三〇〇年の寿命がありますが、魂がないために、その寿命が尽きると、海の泡になって消えてしまいます。一方、人間は、人魚よりもずっと短い時間しか生きられませんが、肉体の死後も魂は生き続け、「澄んだ大気の中を、キラキラ光っているお星様のところまでのぼって行くのです。」（一三五頁）。人魚が魂を持つための唯一の方法は、人間との結婚です。結婚すれば、人間は、自分の魂を持ち続けたまま、人魚にも、その魂を分け与えることができるのです。人魚姫の望みは、王子と結婚し、不死の魂を得て、死後、天国に行くことでした。

人魚には魂がないという設定も、中世の伝説に基づいています。中世にヨーロッパに広まったキリスト教の教義では、魂を持つのは人間だけで、動物（当時は、ユニコーンやペガサス、そして人魚などの架空の生き物も含まれていました）には魂がないとされていました。アイルランドには、修道士に恋をした人魚が魂を授けてほしいと願うものの、海から離れることができなかったためにそれがかなわなかったという話や、海でおぼれそうになった女性が、神によって下半身を鮭《さけ》の尻尾に変えられ、三〇〇年以上水の中で暮した後、修道士に頼んで洗礼を受け、ついに昇天する話が伝えられています。もしかするとアンデルセンは、この話に着想を得て、人魚の寿命を三〇〇年としたのかもしれません。

人魚が人間と結婚して魂を得るという設定は、スイス生まれの錬金術師パラケルススの『精霊の書』（一五九〇年）に登場します。ヨーロッパには、ギリシア時代以来、世界の成り立ちを、水、空気、土、火の四つの元素から説明する「四大」の考え方がありました。パラケルススは、この四元素に、ウンディーネ（水）、シルフ（空気）、ノーム（土）、サラマンダー（火）という、人間のような姿の四精霊をあてはめました。ウンディーネは魂を持ちませんが、人間と結婚すれば、魂を得ることができます。ただし、ウンディーネと結婚した人間が、ウンディーネを水に近づけたり、水辺で侮辱したりすると、ウンディーネは水に帰ってしまいます。それでも婚姻関係は継続するため、もしも人間が別の相手と結婚すると、ウンディーネに呪い殺されてしまうのです。

ドイツ・ロマン派の作家フリードリヒ・ド・ラ・モット・フーケーの『ウンディーネ』（一八一一年）は、ウンディーネと騎士フルトブラントの悲恋を描いた作品で、アンデルセンに強い影響を与えました。ウンディーネはフルトブラントと結婚して魂を得ますが、フルトブラントはその後、ウンディーネを水辺で侮辱して去らせ、別の女性と結婚してしまいます。そして、結婚式の夜に、ウンディーネの呪いによって死に至ります。結婚によってすでに魂を得ていたウンディーネは、掟に従う際、「魂も尽きるまで泣こうとするかのように」（『水妖記（ウンディーネ）』一五〇頁）泣いて、涙でフルトブラントを溺死させます。この結末は、『人魚姫』の結末と対照的ですね。

人魚姫は、王子が別の女性と結婚したら、次の朝には海の泡になる運命にありました。王子の婚礼の夜、人魚姫の五人の姉たちは、髪の毛（人魚の美しい姿の象徴）と引き換えに海の魔女からもらったナイフを、人魚姫に差し出します。そのナイフで王子を刺し、温かい血が脚にかかれば、人魚に戻れるというのです。しかし、人魚姫は、王子を殺すことができず、自ら海に身を投げます。そして、その後で、初めて、人魚には流せないはずの涙を流すのです。魂を得たために涙でフルトブラントを殺すウンディーネと、魂を得られないままに、王子を生かして涙を流す人魚姫。どちらの思いも、それぞれに痛切です。

ウンディーネは、魚の尻尾を持つ人魚ではなく、人間と同じ姿をしています。これに対して、動物の下半身を持つ女性と人間の男性の結婚を扱ったものに、メリュジーヌ伝説があります。メリュジーヌは、普段は美しい女性の姿をしていますが、呪いにより、週に一日だけ、下半身が蛇になってしまいます。その呪いを解く方法は、人間の男性の愛を得ることです。しかし、その男性に、変身した姿を見られてしまうと、下半身は永久に蛇のままになってしまいます。メリュジーヌは領主と結婚し、息子にも恵まれますが、ある時、下半身が蛇の姿で水浴をしているところを見られてしまいます。その後も婚姻関係を続けますが、気の荒い息子が町で不祥事を起こしたことで、領主はメリュジーヌを侮辱し、メリュジーヌは川に飛び込んで去ってしまいます。

こうしたヨーロッパの伝説には、「道成寺《どうじょうじ》」、「葵上《あおいのうえ》」、「鉄輪《かなわ》」など、日本の能の「鬼女物《きじょもの》」と共通点があるように思います。鬼女物では、男性に捨てられた女性が鬼や蛇になり、男性や、男性が愛した女性を呪い殺そうとします。主人公が鬼に変わると、役者は、般若面をつけ、蛇の鱗を表す三角形の模様の衣を着ます。鬼や蛇になって人を呪い殺そうとする鬼女たちは、嫉妬深く恐ろしい存在です。同時に、無常の世で、多くの人間が命と愛のはかなさに従う中、変わらぬ愛を求めたがゆえに、人間ではいられなくなった哀しい存在でもあります。ヨーロッパの人魚伝説では、人魚は有限の存在で、永遠の魂を持つのは人間のはずです。しかし、人間が心変わりしてしまっても、人魚姫やウンディーネは変わらぬ愛を持ち続けます。永遠の愛を信じるのは、人間でないものであり、永遠の愛を求める人間は、人間でないものになってしまう――人魚姫やメリュジーヌ、そして鬼女たちの硬い鱗は、彼女たちの愛の確かさを表しているのかもしれません。

四　人魚の飛翔

すきとおった美しいものたちの声は、そのまま美しい音楽でした。けれども、そのきよらかな音楽は、魂の世界のもので、人間の耳には聞こえません。ちょうど人間の目が、その姿を見ることができないように。翼がなくても、空気のように軽いからだは、ひとりでに空中に浮かんでいるのでした。（アンデルセン「人魚姫」一五四頁）

外国語で書かれた作品を、省略や改変なしで訳したものを「完訳」、訳者が重要と考えるポイントを抜き出して訳したものを「抄訳《しょうやく》」、原作にインスピレーションを受けて新たに作り直したものを「翻案《ほんあん》」といいます。抄訳や翻案では、何を省略するか、どこをどのように変更するかに、訳者や作り手の解釈が強く反映されます。

『人魚姫』には、様々な抄訳や翻案がありますが、最も多く改変されるのが、最後の場面です。ディズニーのアニメ『リトル・マーメイド』（一九八九年）では、人魚のアリエルは人間になり、王子と結婚します。スタジオ・ジブリの『崖の上のポニョ』（二〇〇八年）でも、ポニョは人間になり、人間の男の子と好意を確かめ合います。劇団「人形の家」の人形劇『人魚姫』（脚本：寺山修司、人形デザイン：宇野亜喜良、人形制作：辻村寿三郎、一九六七年）は、「愛されることには失敗したけど、愛することならうまくゆくかも知れない。そう、きっと素晴らしい泡になれるでしょう」（寺山修司「人魚姫」九九頁）と、人魚姫が海に飛び込む場面で終わり、いわさきちひろの絵本『にんぎょひめ』（文：曽野綾子、一九六七年）では、海に飛び込んだ人魚姫が「かなしみではなく、ひとをあいしたよろこびにつつまれながら、たかいたかいそらへのぼっていき」ます。

実は、原作には、もう少し続きがあります。海に飛び込んだ人魚姫は、「空気の娘」となり、他の空気の娘たちと一緒に、風を吹かせたり、香りを運んだりすることになります。空気の娘たちは、人魚と

『ラ・シルフィード』を踊るマリー・タリオーニ
タリオーニの父はイタリア人、母はスウェーデン人

同じく不死の魂を持ちませんが、三〇〇年の間、人間を喜ばせ続けると、魂を授かります。王子と結婚できなければ、人魚姫は海の泡になる、と思って作品を読んでいると、この展開は少し唐突に感じます。ギリシア神話の愛の女神アフロディーテが、海の泡から生まれ、その名も「泡から生まれた」という意味であることを考えると、人魚姫が海の泡になることは、新しい愛の女神の誕生さえ予感させます。多くの抄訳がこの場面で終わるのは、うなずけることです。なぜ、アンデルセンは、人魚姫に、最初に与えていたのとは違う、「空気の娘」になるという運命を与えたのでしょうか。

　アンデルセンに『人魚姫』の着想を与えたものの一つに、バレエ『ラ・シルフィード』があります。「ラ・シルフィード」は、パラケルスス『精霊の書』に登場する空気の精霊シルフを、フランス語で女性形にした名前です。「空気の娘たち」(Luftens Døttre)は、それを、アンデルセンなりにデンマーク語訳したものなのでしょう。ちなみに、ウィリアム・シェイクスピアの『テンペスト』(一六一二年)には、嵐を起こして船を沈めたり、恋の手助けをしたりする、「アリエル」という名前の空気の精が登場します。ディズニー『リトル・マーメイド』の主人公アリエルは、空気の精にはなりませんが、名前の由来は空気の精なのですね。ここでは、伝説を離れて、バレエと『人魚姫』の関係を見てみましょう。

『ラ・シルフィード』は、一八三二年にパリで初演された、ロマンティック・バレエ（クラシック・バレエの前身）の代表作です。この作品により、ロマンティック・チュチュ（踝丈《くるぶしたけ》のバレエ用スカート）や、ポワント（爪先立ち）が一般的なものになりました。ワイヤーを使っての宙乗りもあり、バレリーナたちは、文字通り、舞台の上を飛び回っていたのです。アンデルセンが一八三六年にコペンハーゲンで鑑賞した上演は、アンデルセンと同い年のデンマーク人オーギュスト・ブルノンヴィルの振り付けによるもので、現在に至るまで、デンマークのロイヤル・バレエ団によって上演され続けています。

『人魚姫』には、アンデルセンの失恋体験の他に、上昇志向も強く反映されています。アンデルセンは、当時デンマーク第二の都市であったオーデンセで、靴職人の息子として生まれ、一四歳の時、単身、首都コペンハーゲンに向かいました。身一つで飛び出したアンデルセンが、国民作家への階段を上ることができたのは、王侯貴族やブルジョワたちの支援があったからでした。

貧しいところからの上昇を願ったのは、バレリーナたちも同じでした。当時のバレリーナの多くは、最下層階級出身の女性たちでした。フランス革命以前の宮廷バレエが、王侯貴族の支援を全面的に受けられたのと違い、アンデルセンの時代にブルジョワの娯楽として花開いたロマンティック・バレエには、採算が取れる経営が求められました。そのため、上得意のブルジョワには、客席よりも間近のフォワイエ・ド・ラ・ダンスという場所でバレエを鑑賞する権利が与えられました。

一九世紀は、性に関する社会的抑圧が強化された時代で、脚は性的なものとみなされ、踝より上を見せることは裸を見せることと同じでした。そうした中で、バレエは、男性が女性の脚をおおっぴらに見ることのできる、ほぼ唯一の機会だったのです。ブルジョワ階級の男性たちは、間近で見て気に入ったバレリーナを愛人にしました。そして、バレリーナたちにとって、ブルジョワ男性の愛人になることは、生活苦を逃れ、社会階層をステップアップするための手段だったのです。脚を獲得した人魚姫は、王子の前で優雅に踊り、王子の婚礼の夜にも、追い立てられるような気持ちを込めて、すばらしい踊りを披露します。刺すような脚の痛みに耐えながら、身分違いの王子の愛を求めて踊る人魚姫には、上昇を目指すバレリーナたちの姿が重なります。

アンデルセンの失恋相手エズヴァート・コリーンは、アンデルセンを支援したブルジョワ一家の息子でした。エズヴァートはまさに、アンデルセンにとって、身分違いの王子だったのです。結婚に失敗しても、人魚の運命に従って泡になって消えてしまうのではなく、空へと上昇して、魂を獲得するチャンスを待つ人魚姫には、エズヴァートへの愛が拒絶され、更にはその妹ルイーセ・コリーンへの求婚も退けられて、上流社会の一員になることがかなわず、それでも、作家として人々を喜ばせ、名声を得ることで、その名を永遠にとどめようとする、アンデルセンの上昇志向が反映されているのです。

五　おわりに

人魚姫は、人の目に見えないように、花嫁の額にキスをし、王子にもにっこりとほほえみかけると、空気の娘たちといっしょに、いましも空高く流れてきた、バラ色の雲の方へと、のぼってゆきました。（アンデルセン「人魚姫」一五五—一五六頁）

アンデルセン『人魚姫』によって、人魚のイメージは、男性を惑わす妖婦から、純粋で可憐な少女へと変貌《へんぼう》しました。この変貌は、批判的にとらえることもできるでしょう。他の作品と違い、『人魚姫』は、人魚と関わった人間の男性が、何の害も苦しみも受けずに終わります。どこまでも自分を犠牲にして王子に尽くす人魚姫は、男性にとって非常に都合の良い女性なのです。しかし、最後の最後に、王子ではなく花嫁にキスをして去っていく人魚姫を、純粋で可憐な少女としてだけ片づけてしまうのは、あまりにも残念です。この結末を導いたものとして、わたしはあえて、人魚姫の強い意志を指摘したいと思います。

人魚姫の行動は、これまで見てきたどの人魚の行動とも違います。人魚姫は自分で魔女のところへ行き、声＝自分の財産を使って、魔女と取り引きします。陸に上がった人魚姫は、男性の服を着て王子と共に馬に乗り、高い山にも登ります。人魚姫の脚は、女性として男性の気を引くためだけの脚ではなく、王子と一緒に歩くための脚でもあったのです。セイレーンやウンディーネの物語が示す通り、人魚は本来、人間を殺すべき存在です。王子の殺害は、人魚としての外見だけでなく、その本質を取り戻す方法でもありました。ナイフを捨てることで、人魚姫は、人魚の運命に逆らいます。ここから浮かび上がる新しい人魚像は、自分で未来を選び取ろうとする、意志を持った女性の姿です。

古代ギリシアから、人魚のイメージは、その時々の社会や、宗教観、人間観、女性観などを映して変化してきました。その歴史の中で、人魚は常に人間とは異質な存在であり、人間と相容《あいい》れない物語をつむいできました。しかし、人魚の存在が、人間の脳裏から完全に消えてしまうことはありませんでした。『人魚姫』出版から一七〇年以上たった現在も、さまざまなメディアで、さまざまな人魚が描かれ続けています。これから先、人魚はどのように変わっていくのでしょうか。

【参考文献】

・アンデルセン、曽野綾子文、いわさきちひろ絵『にんぎょひめ』偕成社、一九六七年。
・大畑末吉訳『完訳　アンデルセン童話集（一）』岩波文庫、一九八五年。
・ヴォルシュレガー『アンデルセン　ある語り手の生涯』岩波書店、二〇〇五年。
・鈴木晶『バレエ誕生』新書館、二〇〇二年。
・『寺山修司メルヘン全集8　人魚姫・裸の王様』マガジンハウス、一九九四年。
・ドンデ『人魚伝説』創元社、一九九三年。
・フーケー、柴田治三郎訳『水妖記（ウンディーネ）』岩波文庫、一九三八年。
・ホメロス、松平千秋訳『オデュッセイア（上）』岩波文庫、一九九四年。

昔話と方言

日高　水穂

一　昔話を語ることば

みなさんは、昔話をどのようなことばで語りますか。あるいは、みなさんがこれまで聞いた昔話は、どんなことばで語られていましたか。

私たちは、「昔話を語るときにふさわしいことば」のイメージを、なんとなく共有しています。そのことばは、必ずしも普段の会話で使っていることばばかりではありません。たとえば次のうち、昔話らしいことばが使われていると感じられるのはどれでしょうか。

①　むかしむかし、あるところに、おじいさんとおばあさんがいたんだそうです。
②　むかしむかし、あるところに、おじいさんとおばあさんがいたんだと。
③　むかしむかし、あるところに、おじいさんとおばあさんがおったんじゃげな。

異なっているのは、「いたんだそうです」「いたんだと」「おったんじゃげな」の部分ですが、①は②

③に比べると、あまり昔話らしい語り方のようには感じられないのではないでしょうか。「いたんだそうです」というのは、普段の会話でも使いますし、耳にもすることばです。そうしたことばから、固有の「昔話らしさ」を感じ取ることは困難でしょう。それに対して、「いたんだと」や「おったんじゃげな」は、普段の会話ではあまり用いることはありませんが、それだけに、固有の「昔話らしさ」が効果的に表現されていると感じます。

「〜だと」は東日本の方言、「〜じゃげな」は西日本の方言に由来していますが、それでは、これらの地域の方言に直接触れたことがなくても、②や③を「昔話らしい語り方」だと感じるのは（そうした感じ方を私たちが共有しているのは）、いったいどういうことなのでしょうか。

ここでは、昔話を語ることばと方言の関係について考えてみます。

二　方言の表現効果

そもそも「方言」とは、どのようなことばでしょうか。手元の国語辞典を見ますと、「地域的に見た、それぞれの言語（体系）の違い。〔狭義では、一地方に行なわれる単語・語法で、標準語（共通語）と違うものを指す〕」（『新明解国語辞典（第七版）』）と説明されています。狭義の方言は、たとえば「メンコイ（かわいい）」は東北方言、「〜シタラアカン（〜してはいけない）」は関西方言というように、個々の表現を問題にしますが、広義の方言は、音韻・語彙・文法の全般にわたる言語体系の地域差のことを言います。

さらに付け加えると、さかのぼれば同じ系統の言語から枝分かれしたものであることが、方言であることの前提となります。方言は、同じ言語を話していた人々が、地域的に分かれて集団生活を行ううちに、それぞれの地域で独自に言語変化が起きることによって発生したということになります。

したがって、現代の日本のように、全国一律の教育制度が行き渡り、全国を網羅するマスメディアや交通網が整備された社会では、方言差というものは薄くならざるを得ません。方言に代わって、日常の生活語のなかにも、標準語が浸透していっています。日常的に方言を使用する人であっても、相手や場面に応じて標準語に切り換えることができますし、使用している方言自体が、標準語交じりの方言になってきています。

そうしたなかで、現代の方言は「地域差のあることば」から、「標準語とは異なる表現効果を持つことば」に変わりつつあります。日常生活を振り返ってみますと、疎遠な人と話す場合や改まった場面では標準語を使用し、親しい人とくつろいだ場面で話す場合は方言を使用する、ということが起きています。感情の高ぶりを示すのには方言のほうがしっくりくる、ということもあるでしょう。

さらに、こうした日常の生活語としての使用にとどまらず、観光地には、「おこしやす」（京都）、「おいでませ」（山口）、「めんそーれ」（沖縄）のような方言による歓迎看板が掲げられ、土産物屋には方言グッズがあふれています。あるいは、大阪弁は商人やお笑い芸人、広島弁は博士や老人、東北弁は田舎者や農民といった、ステレオタイプ的なキャラクターのイメージと方言が結びつき、「役割語」（金水二〇〇三）として活用されるということも起きています。こうした「地域らしさの創出」や「キャラクターイメージの創出」も、現代の方言の持つ表現効果の一つです。

三　「共通方言」の創出

　こうした方言の持つ表現効果を、「民話劇」の作品のなかに取り込んだのが、劇作家の木下順二です。「民話劇」とは、昔話を素材にした演劇で、木下順二はその創始者です。

　木下はその著書のなかで、「民話劇の場合は、どこにでもあるという意味でどこにもない地域＝世界をつくり出さなければならず、従ってどこにでもあるという意味でどこにもないことば＝せりふをつくり出さなければならないのです」としたうえで、「結果からいえば、いろんな地方のことばの中からおもしろい効果的なことばを拾って来て、自分の感覚によってそれらを組み合わせまぜ合わせたということになります」と述べています（木下一九八二）。つまり、特定の地域の方言を一貫して使用するのではなく、方言の持つ「標準語とは異なる表現効果」のみを生かすために、各地の方言的要素を組み合わせて、全国共通に理解できる「共通方言」を創出したというわけです。

　それではここで、木下の代表作「夕鶴」（一九四九年初演）の冒頭部分の台詞を見てみましょう。

子供たち　（声をそろえて、うたうように）おばさん、おばさん、うた唄《うと》うてけれ。おばさん、おばさん、遊んでけれ。おばさん、おばさん、うた唄うてけれ。

与ひょう　（眼を覚して）何だ何だ。

子供たち　おばさん遊ぼう。おばさんうた唄うてけれ。おばさん。おばさん。

与ひょう　何だつうか？　つうはおらんでよ。

子供たち　おらんのけ？　本当け？　つまらんのう。どこさ行ったんけ？
与ひょう　どこだやら、おら知らんわ。
子供たち　どこさ行ったんけ？　いつ帰るんけ？　よう、よう、与ひょうどんよう。
（木下順二『夕鶴・彦市ばなし』より）

まず、右の台詞が、方言を使用することによって、民話劇の舞台である農村のイメージを喚起するものになっていることを確認しておきましょう。その上で、個々の方言的要素の出自を見てみると、次のようになります。

①「唄《うと》うて」（ワ行五段動詞のウ音便形）＝西日本の方言
②「けれ」（「くれ」にあたる表現）＝東北北部の方言
③「どこさ」の「さ」（格助詞）＝東北から北関東にかけての方言
④「何だ何だ」の「だ」（断定の助動詞）＝主に東日本の方言
⑤「おらんでよ」の「おる」（存在動詞）＝西日本の方言
⑥「おらん」「つまらん」「知らん」の「ん」（否定の助動詞）＝西日本の方言
⑦「つまらんのう」の「のう」（終助詞）＝主に西日本の方言
⑧「おら」（自称詞）＝主に東日本の方言

つまり、「唄《うと》うてけれ」のような組み合わせのことばを、現実に使用する地域はないわけです。

「夕鶴」という作品のなかで、この「共通方言」は、与ひょうと対比的に描かれるつうの台詞を際立たせることになります。

つう　そんなに都へ行きたいの？　……「おかね」って、そんなにほしいものなの？
与ひょう　そらおめえ、金は誰でもほしいでよ。
つう　そんなにほしいの？　そんなに行きたいの？　そんなに……あたしよりもおかねが好きなの？　都が好きなの？　え？
与ひょう　そげに……つうのようにいうなら好かん。
つう　え？　好かん？
与ひょう　好かん好かん。おらつうは好かん。つうの意地わる。
つう　まあ……
与ひょう　布を織れ。都さ行くだ。金を儲けて来るだ。

（木下順二『夕鶴・彦市ばなし』より）

木下は、つうのことばを「純粋日本語」（＝標準語）と呼び、与ひょうと仲間の男たちが使う「この種類のことば」（＝共通方言）との対比によって、「彼らと彼女の持つ世界の共通性と違いとを、そしてやがて二つの世界の断絶を表現してみようとしたわけです」と述べています（木下一九八二）。

民話劇のもとになった昔話においても、主に農村を舞台とする世界を演出することばとして、「方言」が有効に機能します。その場合の「方言」は、極端な場合には、特定地域で現実に話されているものでなくてもよく、方言的要素をちりばめた「共通方言」であっても、十分に効果を発揮するということになります。

四　昔話の土着化と方言

それでは、昔話を特定地域のことばで語ることには、どのような意味があるのでしょうか。ここで、昔話を語ることばと方言の関係を考える上で、興味深い事例を紹介します。

柳田国男の『遠野物語』で知られる岩手県遠野市では、昔話の語りのイベントが頻繁に行われています。筆者がそうしたイベントの一つに参加したとき、ある語り部の方が、「これは遠野の昔話ではありませんが、珍しい話なので、ときどき取り上げています」と前置きをして、次のような話をされました。

むかし、あったずもな。あるどごに、鉄砲撃ぢ、いだったずもな。山さ行って生き物ズドーンズドーン撃って、それ売って暮らししてらったずもな。「生き物の命取って暮らしていくのぁ、あんまり長くしでくねぇな（長くしたくないな）。おれ、ほんとのこと、むかしぁ大工だった。」そう思ってら（思っていた）頃だった。ある日《し》、稲荷さんのそばさ、真っ白《しれ》ぇ色の狐いだったずもな。今までなば、銃向ける気するども、その日《し》、銃も向けねぇで、だまって見てらば、狐、「コンコン」と、頭下げて、そこからスーッといねくなったった。おかしな狐だなーっと思って、そこさ行ってみたば、狐の毛だがなんだがわがらねぇども、白《しれ》ぇ毛、モソッと、おりてらった（落ちていた）。「はあーん、これ白《しれ》ぇ狐の毛だもの。見ることもねぇんだ。宝物にすんべ。」って、持って帰ったずもの。そしたば、白《しれ》ぇ髭《しげ》のじさまさ会ったったずもの。それ見せたば、「これ、ケサランパサランずもので、おしろいの粉好きだがら、おしろいの粉っこ入れた物さ入れてしまっとけば、おめぇ一生楽に暮らせるじぇ。」ってしゃべられた（言われた）ずもな。「ケサランパサランずもの、はあー、それ、おしろいの粉っこ好くものなんだやな。」って、持って帰って、おしろいの粉、かか（母）の使ったの、持って来て入れて、神棚さあげて拝んだず。そのせいだかなんだかわがんねぇども、それからとても鉄砲撃ぢする気なれねぇ。まず、鉄砲始末したらば、立派な棟梁になったんだどさ。どんどはれ。

（二〇〇九年音声収録。文字化は日高による）

ケサランパサランという名の「狐の宝物」が、男を幸福に導くという話です。

ケサランパサラン自体は、「「白い綿毛、もしくは毛玉」であり、「白粉を食べて増える」「空から落ちてくる」「持ち主に幸運をもたらす」といった特徴を持つ、不思議な「生物」としてとらえられている」もので、「一九七〇年代後半、突如メディアのスポットライトがあたり、一大ブームになった」ものです（飯倉二〇〇六）。ただし、この時期に話題になったケサランパサランは、右のような物語をともなったものではなく、その点では確かにこれは珍しい昔話であると言えます。

一方で興味深いのは、この語り部の方が「遠野の昔話ではない」と前置きをしてこの話を語ったことです。いったいどういうことなのでしょうか。

この語り部の方（一九四四年生まれ・女性）に、この昔話を語りのレパートリーに加えたいきさつについ

遠野・伝承園にかかげられた方言のれん
（「民話のふるさと」と「方言」は遠野を表象するキーワードになっている。）

て伺ったところ、「ケサランパサラン」は、福島に旅行に行ったときに土産店で購入した『おじいさんのとっておきの話』という昔話集に載っていた話で、この本を見て覚えて語るようになったとのことでした。

この方によれば、今、遠野で活動している語り部のなかには、「持ちネタ」を一〇〇話近く持っている人が何人もいますが、そのすべてが祖父母や両親などから実際に聞いて覚えた話を語っているというわけではなく、本に書かれているものを再構成して遠野弁で語るということも、頻繁に行われているようです。この方も、自分は子どもの頃昔話を聞いて育った世代ではあるけれども、それをそのまま覚えていて語っているわけではなく、語り部として活動するにあたっては、あらためて本を見て覚えた、自分はそういう世代の語り部である、とおっしゃっていました。

実はこのことは、この方の世代に限らず、遠野で「語り部」の地位を確立した初期の人物である鈴木サツさんも同様でした。鈴木サツさんは、「実話として語られた」はずの『遠野物語』を、昔話として語ることを試みた人で、「方言を思い出しながら、共通語の世界を方言の世界へ置き換えていった」といいます（石井二〇一二）。

「共通語の世界を方言の世界へ置き換えていく」とは、どのような作業なのでしょうか。ここで、『おじいさんのとっておきの話』に掲載されている「ケサランパサラン」を見てみます。

梅の木の幸作さんは、狩り好きの大工さんです。火縄銃をかついではよく野山に狩りに出歩いておりました。

ある日、いつもの様に狩りに出た幸作さんは村の神社の前で見事な白いキツネを見かけましたが、「これはきっと神様のお使いに違いない。」と射つのをやめてジッと見ていると白キツネは名ごりおしそうに、ふりかえりふりかえり立ち去りました。いそいで白キツネのいた所に行って見ると、真白な毛玉が一つ残されていました。幸作さんはその毛玉を見ているうちにケサランパサランの話を思い出しました。ケサランパサランとはこの地方に古くからいい伝えられているお白粉を食べる毛玉で手に入れた人には幸福が来るということです。幸作さんはその毛玉がケサランパサランに思えて家へ持ち帰り大切に神棚にまつっておきました。

その夜。夢に白髪、白装束の老人が立ちおごそかな声で、

「今朝、お前が拾った毛玉はケサランパサランと申すキツネの宝物だ。よくよく大切にいたせ。お白粉が好物だから忘れずに供えよ。」といって消えました。幸作さんはお告げを信じそれ以来、殺生はやめ大工仕事に打ち込み立派な棟梁となりのちのちまで栄えました。

（『おじいさんのとっておきの話』より）

共通語（標準語）で書かれた「ケサランパサラン」と、遠野弁で語られた「ケサランパサラン」には、次のような違いがあります。

①　共通語で書かれた「ケサランパサラン」

・「梅の木の幸作」という具体的な地名・人名が出てくる。
・主人公自身が、真っ白な毛玉を見てケサランパサランの話を思い出している。
・夢に出てきた白髪、白装束の老人によってお告げが行われる。
・お告げを信じて殺生をやめ、大工仕事に打ち込んだため、幸福が訪れる。

②　遠野弁で語られた「ケサランパサラン」

・「昔あったずもな」で始まり、「どんどはれ」で終わっている。
・「ズドーンズドーン撃って」「スーッと」「コンコン」「モソッと」のようなオノマトペが多用されている。
・白い毛を持ち帰る途中で白い髭の老人に出会い、ケサランパサランについて教えられる。
・ケサランパサランを拝んでいるうちに、鉄砲撃ちをする気にならなくなり、幸福が訪れる。

共通語で書かれた「ケサランパサラン」は、事実譚として描かれているのに対し、遠野弁で語られた

「ケサランパサラン」は、遠野で語られる昔話の形式にのっとり、虚構の世界の出来事として描かれています。また、後者に見られるオノマトペの多用は、耳で聞いただけで情景が思い浮かぶような描写方法によるものと言えます。

さらに、共通語の「ケサランパサラン」では、主人公が自らの知識と意志に従って行動することにより、内面的な変化が生じ、幸福が訪れるという展開になっていますが、遠野弁の「ケサランパサラン」では、主人公は意図せずして幸福に導かれるという展開になっています。

「共通語の世界を方言の世界へ置き換えていく」というのは、単なることばの置き換えを意味しているのではないことがわかります。昔話においては、「方言」という言語形式をともなうことで、「方言の世界（地域社会の思考や論理展開）」を描く語りの形式（話法）が実現すると言えます。

昔話を特定地域のことばで語ることは、伝承を地域に土着化させることにつながります。「ケサランパサラン」は、遠野弁で語られることによって、遠野の伝承に加わることになるわけです。さらに、遠野弁での語りは、遠野の昔話としてふさわしい内容・展開への組み替えということを引き起こします。

こうした方言を介した地域への「土着化」と地域社会の「世界観」を描く話法への組み替えは、口承文芸一般について言えることです。ここでは取り上げませんでしたが、本書のもう一つのテーマである、子守唄などのわらべ唄も、方言で唄われることによって地域に土着化し、地域社会の世界観を表現する型に組み込まれることになるのです。

【参考文献・用例出典】

・飯倉義之「「名付け」と「知識」の妖怪現象――ケサランパサランあるいはテンサラバサラの一九七〇年代」『口

承文芸研究』二九、二〇〇六年。
・石井正己『昔話と観光　語り部の肖像』三弥井書店、二〇一二年。
・川森博司「口承文芸と方言」『展望現代の方言』白帝社、一九九九年。
・木下順二『夕鶴・彦市ばなし』新潮社、一九五四年。
・木下順二『日本語の世界12　戯曲の日本語』中央公論社、一九八二年。
・金水敏『ヴァーチャル日本語　役割語の謎』岩波書店、二〇〇三年。
・『おじいさんのとっておきの話　東北の民話』東北カード（支倉出版）、一九八九年。

付記　『おじいさんのとっておきの話　東北の民話』には著者名・発行年が記載されていないため、発行元の東北カード（支倉出版）に問い合わせたところ、一九八九年の発行であることが確認できた。著者については、氏名は非公開、岩手県盛岡市在住の男性で、すでに故人とのことである。

昔話を題材にした唱歌

多比羅　拓

一　昔話と歌

「昔話と歌」と言われた場合、どのようなものを思い浮かべるでしょうか。「むかし　むかし　浦島はたすけた亀に……」の「浦島太郎」、「桃太郎さん　桃太郎さん……」の「桃太郎」などが多いことと思います。

では、そのような歌とはどのように出会うのでしょうか。私自身がどうであったかは記憶がないのですが、現在四歳と六歳の私の子どもがどのように歌を耳にしてきたかを思い返すと、保育園で教わってきたり、『どようびのえほん―お手本のうた付き！』（永岡書店）のような実際に歌の流れる絵本で耳にしたりしてきたように思います。もちろん、親から子どもに歌って聞かせることもあるでしょう。一方で、幼稚園・保育園・絵本などのような第三者を経て、子どもがその歌を歌えることを知り、一緒に歌ったりすることも少なくありません。

このように、子どもたちが親以外の第三者を経て歌と出会い、昔話の世界に触れていく機会は少なくありません。そしてこの過程は、昔話を絵本やテレビを通じて出会うのと同じです。現代において、教育現場やメディアが果たす影響の大きいことを感じさせます。

二　国定教科書と唱歌

今回は、「昔話を題材にした唱歌」がテーマです。まず「唱歌」という言葉の定義を確認しておきましょう。「唱歌」は、広い意味では「歌うための歌」を指します。しかしそのような全体的な意味で使われることよりも、いわゆる「文部省唱歌」を前提とした一連の歌群を指すことが多く、『日本唱歌集』（岩波文庫）や『決定盤　懐かしの唱歌』（CD・コロムビアミュージックエンタテインメント）などで扱われている歌もこの意味合いです。具体的には、明治から昭和にかけての学制には「唱歌」という教科があり、そこで使われた検定教科書や国定教科書に掲載された歌の数々です。

「唱歌」の歴史は次のようなものです。明治一四年（一八八一）に『小学唱歌集』という検定教科書が編纂され、その後もいくつかの検定教科書が編まれました。検定教科書ですから、現在と同様に民間から出されたものです。明治四三年（一九一〇）に文部省編纂の教科書『尋常小学読本唱歌』が出され、検定教科書と併用されていくことになります。この併用は昭和一六年（一九四一）の『ウタノホン』で国定教科書に一本化されるまで続き、これが終戦後まで暫定的に使われました。

いわゆる「文部省唱歌」という場合、明治四四年（一九一一）からの『尋常小学唱歌』のものを指すと考えて良さそうです。『新訂尋常小学唱歌』の内容はほぼ『尋常小学唱歌』を踏襲したものになっており、結果として約三〇年にわたって使われたことになります。

では、この文部省編纂教科書に収録されている唱歌から、昔話などを題材にすると思われるものを拾い出してみます。

第一期国定唱歌教科書（第二期国定教科書）

『尋常小学唱歌』（明治四四年〜大正三年〔一九一一〜一九一四〕）

第一学年　桃太郎・花咲爺　第二学年　浦島太郎　第五学年　八岐の大蛇

第二期国定唱歌教科書（第四期国定教科書）

『新訂尋常小学唱歌』（昭和七年〔一九三二〕）

第一学年　桃太郎・花咲爺　第二学年　浦島太郎　第五学年　八岐の大蛇

第三期国定唱歌教科書（第五期国定教科書）

『ウタノホン　上』（国民学校初等科一年生）（昭和一六年〔一九四一〕）

ウタノホン（上）　モモタラウ

これらの唱歌と昔話については「唱歌」のみならず「国語」との関連があります。『尋常小学唱歌』の発行は第二期国定教科書の時期にあたり、「国語」では「桃太郎」「こぶとり爺」「花咲爺」「浦島太郎」が採録されています。実は前年の明治四三年に『尋常小学唱歌読本』が発行されているのですが、これらの唱歌は採録されていません。つまりこれらの昔話が唱歌として親しまれていたわけではないことを暗示します。一方で翌年の『尋常小学唱歌』では「こぶとり爺」以外が入っていますので、これらが新たに作詞・作曲され、しかも「国語」との関連が意識されたものとも思われます。

また「唱歌」の教科書には、尋常小学校を修了した高等小学校向けの『高等小学唱歌』『新訂高等小学唱歌』がありますが、昔話素材の唱歌はありません。したがって、昔話が唱歌として取り入れられたのは、主に尋常小学校の第一学年と第二学年、この点は、国語の国定教科書と昔話とも同じ位置づけと言えます。戦後まもなく発行された『一ねんせいのおんがく』『二年生のおんがく』には昔話素材の唱歌はなく、「国語」でも「浦島太郎」が劇として採用されたのみでした。

三　「日本昔噺」と唱歌

『尋常小学唱歌』が明治四四年に発行されるまで、国定教科書はなかったのですが、その前身になるものは数多く作られました。明治一二年（一八七九）に文部省に「音楽取調掛《おんがくとりしらべかかり》」が置かれ、明治一四年に日本初の官製唱歌集『小学唱歌集』が完成します。その後、『幼稚園唱歌集』（明治二〇年（一八八七））、『小学唱歌』（明治二三年（一八九〇））、『幼年唱歌』（明治三三年（一九〇〇））などが刊行されます。これらのなかから国定唱歌教科書に入ったものもありますし、同じ昔話から複数の唱歌が作られたものもあります。国定教科書に限らない唱歌を含め、取りあげていくことにします。

さて、ここで挙げる「昔話」ですが、今回は巌谷小波《いわやさざなみ》の「日本昔噺」叢書（明治二七年（一八九四））に所収されているものを基準にしました。

現代の「昔話」は、おおむね柳田国男の定義に基づくのですが、今回扱う唱歌の作詞・作曲された時代に、その認識はありません。一八九〇年代の「昔話」を考える場合は、「日本昔噺」の方が「昔話」と認識されたものに近いはずです。

巌谷小波は教科書の唱歌とも無関係ではありません。実際にいくつかの唱歌の作詞をしています。「あたまを雲の上に出し」ではじまる「富士山」は巌谷小波の作詞で、『尋常小学唱歌』に収められています。文部省編纂の教科書には入らなかったものの、「一寸法師」「花咲爺」「浦島太郎」「金太郎」という「日本昔噺」と重複した唱歌の作詞もしているのです。

「日本昔噺」叢書は明治二七年から刊行が始まりますが、第一巻の『桃太郎』をはじめ、『玉の井』『猿蟹合戦』『松山鏡』『花咲爺』『大江山』『舌切雀』『俵藤太』『かちかち山』『瘤取り』『物臭太郎』『文福茶釜』『八頭の大蛇』『兎と鰐』『羅生門』『猿と海月』『安達ケ原』『浦島太郎』『一寸法師』『金太郎』『雲雀山』『猫の草紙』『牛若丸』『鼠の嫁入』までの二四巻が出版されました。この二四の昔噺と検定教科書・国定教科書から合致するものを掲出し、その歌詞を紹介します。掲載は発行順です。なお★は国定教科書を表し、名前は作詞／作曲の順です。

桃太郎

『幼年唱歌　初編上巻』（納所弁次郎・田村虎蔵編・十字屋）明治三四年（一九〇一）　田辺友三郎／納所《のうしょ》弁次郎

『検定小学唱歌　第一学年』（納所弁次郎編・京文社）

一、桃から生れた桃太郎　気はやさしくて力持　鬼ケ島をばうたんとて　勇んで家を出かけたり

二、日本一の黍団子　情につきくる犬と猿　雉もらうてお供する　急げ者どもおくるなよ

三、激しいいくさに大勝利　鬼ケ島をば攻め伏せて　取つた宝は何々ぞ　金銀、珊瑚、綾錦

四、車に積んだ宝もの　犬が牽き出すえんやらや　猿があと押すえんやらや　雉が綱引くえんやらや

『幼稚園唱歌』（共益商社楽器店編・共益商社楽器店）明治三四年（一九〇一）　作詞／作曲　滝廉太郎

桃太郎さんの、お供には。犬猿雉子の、三匹よ。お供の褒美は、何やらう。日本一の、黍団子《きびだんご》。

★『尋常小学唱歌　第一学年用』（文部省編・大日本図書）明治四四年（一九一一）　作者不詳／岡本貞一

★『新訂尋常小学唱歌　第一学年用』（文部省編・大日本図書）昭和七年（一九三二）

一、桃太郎さん、桃太郎さん、お腰につけた黍団子、一つわたしに下さいな。
二、やりませう、やりませう、これから鬼の征伐に　ついて行くならやりませう。
三、行きませう、行きませう、あなたについて何処までも　家来になつて行きませう。
四、そりや進め、そりや進め、一度に攻めて攻めやぶり、つぶしてしまへ、鬼が島。
五、おもしろい、おもしろい、のこらず鬼を攻めふせて、分捕物《ぶんどりもの》をえんやらや。
六、万万歳《ばんばんざい》、万万歳、お伴の犬や猿雉子は、勇んで車をえんやらや。

★『ウタノホン』（文部省編・大日本図書）昭和六年（一九三一）　作者不詳

1　はたは日のまる　青い海　小さなふねが　ほをあげた
2　ふねにいるのは　ももたろう　おともはさると　犬ときじ
3　はまで見おくる　おじいさん　ならんで手をふる　おばあさん

現代最も知られているのは、『尋常小学唱歌』および『新訂尋常小学唱歌』のものです。『幼年唱歌』よりも説明的でなく会話調で、『幼稚園唱歌』よりも話の全体を踏まえるものになっています。

さるかに

『幼年唱歌　初編中巻』（納所弁次郎・田村虎蔵編・十字屋）明治三三年（一九〇〇）　石原和三郎／納所弁次郎

『検定小学唱歌　第一学年』（納所弁次郎編・京文社）昭和四年（一九二九）

1　早く芽を出せ　柿の種　出さぬと鋏で　ちょんぎるぞ　早く生らぬか　柿の実よ　生らぬとと鋏で　ちょんぎるぞ

2　蜂や卵や　立臼が　蟹を助けて　敵討　卵の地雷火　蜂の槍　とうとう猿めは　潰されたカニを助ける仲間が蜂・卵・臼になっていますが、国定教科書（国語）では卵ではなく栗になっています。巌谷小波『日本昔噺』でも栗なのですが、江戸時代から一般的だったのは卵のようです。作詞者の記憶によるものでしょうか。

松山鏡

『幼年唱歌　二編上巻』（納所弁次郎・田村虎蔵編・十字屋）明治三四年（一九〇一）　田辺友三郎／納所弁次郎

『検定小学唱歌　第二学年』（納所弁次郎編・京文社）昭和四年（一九二九）

1　まへの母にも　今のにも　我は一つに　仕ふるを　何故いまの　母上に　可愛がられぬ　我なるぞ

2　片見の鏡　取いだし　向へばうつる　面影は　恋しき前の　母上か　ものいはれぬは　何故ぞ

3　かくれてみしより　うたがひの　雲はひとたび　かかりしも　誠の心に　はれ渡る　松山鏡　子の鑑《かがみ》

この話は、実母を失った娘が鏡に映った自分の姿を母と思い懐かしむのですが、それを継母に疑われたものの、その真意が伝わったという話です。歌詞にも「誠の心」「子の鑑」とありますが、孝行の話として能の題材にもなったり、縮緬《ちりめん》絵本として翻訳されたものが海外にも紹介されたりするなど、広く知られた話です。

花咲爺

『幼年唱歌　初編下巻』（納所弁次郎編・十字屋）明治三四年（一九〇一）　石原和三郎／田村虎蔵

1　うらのはたけで、ぽちがなく　しょーじきぢいさん、ほったれば、おほばん、こばんが、ザクザクザクザク。

2　いぢわるぢいさん、ぽちかりて、うらのはたけを、ほったれば、かわらや、かひがら、ガラガラガラガラ

3　しょーじきぢいさん、うすほって、それで、もちを、ついたれば、またぞろこばんが、ザクザクザクザク

4　いぢわるぢいさん、うすかりて、それでもちを、ついたれば、またぞろかひがら、ガラガラガラガラ

5　しょーじきぢいさん、はひまけば、はなはさいた、かれえだに、ほーびはたくさん、おくらに一ぱい

6　いぢわるぢいさん、はひまけば、とのさまのめに、それがいり、とうとうろーやに、つながれました

★『尋常小学唱歌　第一学年』（文部省編・大日本図書）明治四四年（一九一一）　作者不詳

★『新訂尋常小学唱歌　第一学年用』（文部省編・大日本図書）昭和七年（一九三二）

1　正直爺が灰まけば　野原も山も花ざかり。殿様大層よろこんで　ぢぢいに褒美を下される。

2　意地悪爺が灰まけば　目鼻も口も灰だらけ。殿様大層はらを立て　ぢぢいに縄をかけられる。

『検定小学唱歌　第一学年』（納所弁次郎編・京文社）昭和四年（一九二九）巌谷小波／納所弁次郎

1　正直爺さん　犬が好き　好かれた犬は　爺さんに　御恩がへしの　宝物　あらら土から　湧いて出る

2　欲張爺さん　隣りから　嫌いな犬も　宝物　ほしさにわざと　借りて来て　掘ればなかから　いやなもの

3　腹立ちまぎれに　罪もない　犬を殺して　裏の木の　下に埋めたら　飼主は　其木《その》を貰って　臼にする

4　其臼　不思議な宝臼　搗《つ》けば宝の　湧くばかり　それも隣りの　欲張が　搗いたら　やっぱり　いやなもの

5　おこって投げ込む　釜の下　臼は焼けても　其灰を　蒔《ま》けば枯れ木の　花盛り　正直爺さん　大手柄

6　真似して撒蒔く　其灰は　花も咲かずに　頭から　降ってかかった　天の罰　欲張爺さん　罰あたり

「花咲爺」は国定教科書「国語」でも長く教材として親しまれた話です。「桃太郎」「浦島太郎」同様にいくつもの種類の唱歌が作られました。そのなかで、『尋常小学唱歌』に入ったのは作者不詳の作品ですが、歌詞も短く、巌谷小波や石原和三郎という多くの唱歌を作ってきた人物のものでないものが選ばれているのが特徴です。石原『幼年唱歌』・巌谷『検定小学唱歌』は犬から宝のありかを教わるところから始まりますが、『尋常小学唱歌』は、正直爺と意地悪爺の成功と失敗の対比が主眼となっています。

大江山

『幼年唱歌　二編上巻』（納所弁次郎・田村虎蔵編・十字屋）明治三四年（一九〇一）　石原和三郎／田村虎蔵

一　むかし丹波の　大江山　鬼どもおほく　こもりゐて　都に出ては　人を食ひ　わかきひめをば　盗みゆく

二　源氏の大将　頼光は　ときのみかどの　みことのり　お受けもうして　鬼退治　勢ひよくも　出かけたり

三　家来は名高き　四天王　山伏すがたに　身をやつし　険しき山や　深き谷　道なき道を　切り開き

四　大江の山に　来てみれば　しゅてんどうじが　頭にて　こはがるひめを　ひっとらへ　舞へようたへの　大さわぎ

五　かねて用意の　毒の酒　すすめて鬼を　酔ひつぶし　笈のなかより　取り出だす　鎧かぶとに　身をかためゝ。

六　驚きまどふ　鬼どもを　ひとり残さず　斬りころし　しゅてんどうじの　首をとり　めでたく都に　帰りけり

源頼光が酒呑童子を退治する話です。「花咲爺」と同様、作詞の石原和三郎は話全体を歌詞にする傾向があります。また、一の「人を食ひ　わかきひめをば」を「子供等や　人の宝を」とし、同時に四の「こはがるひめを　ひっとらへ」を「青鬼赤鬼　集つて」とするもの（『童謡唱歌名曲全集』）もありました。

舌切雀

『尋常小学唱歌　一学年　上』（納所弁次郎・田村虎蔵編・国定教科書共同販売所）明治三八年（一九〇五）

石原和三郎／田村虎蔵

1　正直爺さん　杖をついて　舌切雀　お宿はどこか「宿はここよ　チェッチェッチェ」

2　軽い葛籠《つづら》を　貰って帰り　開いてみたら　出たは出たは　金銀珊瑚の　宝物

3　欲深婆さん　杖をついて　舌切雀　お宿はどこか「宿はここよ　チェッチェッチェ」

4　重い葛籠を　貰って帰り　開いてみたら　出たは出たは　蛇　蜂　百足の怖いもの

『大正幼年唱歌　第九集』（小松耕輔他編・目黒書店）大正四年（一九一五）　葛原しげる／梁田貞

1　舌切雀の　お土産の　軽い葛籠を爺さんが　お家へ帰って　開けたらば　ピカピカ　ギラギラ

金銀や　いろんな不思議な　宝物や　きれいな着物や　お道具が　お山の様に　入ってた

これは　たいした宝船

2　舌切雀の　お土産の　重い葛籠を婆さんが　帰りの途中で　開けたらば　ゾロゾロ　ノコノコ

蟷螂《かまきり》や　蝮《まむし》や毒虫《どくむし》　蟇入道　三つ目の小僧や　妖怪《ばけもの》が　後から後から　匐《は》ひ出した　これは

たまらぬ　助け船

『検定小学唱歌　第一学年』（納所弁次郎編・京文社）昭和四年（一九二九）　田辺友三郎／納所弁次郎

1　のりをなめたる　むくいとて　舌を切られし　雀をば　いとしといふて　慈悲ふかき　ぢぢが

尋ねて　出かけたり

2　舌切雀　宿はどこ　尋ねあてたる　竹の門　むかへに出たる　雀の子　親もよろこび　馳走す

る

3　ささのぎげんも　面白く　雀をどりも　面白く　みやげのつづら　軽ければ　宝ぞおほく　出たりける

4　それをうらやみ　よくふかき　ばばがたづねて　馳走うけ　もらひしつづら　重ければ　むしこそおほく　出たりけれ

「舌切り雀」は唱歌の種類が多いのですが、教科書での採用が少ない昔話です。「国語」でも通称「アサヒ読本」（一九四一〜一九四七）といわれる教科書のみの採用です。正直者と欲深な者との対比が「花咲爺」と重複したためでしょうか。宝物や化け物の種類がそれぞれ個性的です。

かちかち山

『幼稚園唱歌』（共益商社楽器店編・共益商社楽器店）明治三四年（一九〇一）　東クメ／滝廉太郎

1　かちかちなるのは、何の音。かちかち山だよ、この山は。たぬきはしらずに、さきへゆく。兎はうしろで、かちかちかち。

2　ぼーぼういふのは、何の音。ぼーぼー山だよ、この山は。たぬきのせなかで、火がぼーぼー。あついと走れば、なほぼーぼー。

3　たぬきのお船は、土ぶねで。うさきのお船は、木のふねで。一所にこぎでる、川の中。たぬきは溺れて、ざぶざぶざぶ。

「木舟泥舟」『大正幼年唱歌　第三集』（小松耕輔他編・目黒書店）一九一五（大正四）　葛原しげる／小松耕輔

1　兎の舟は　木の舟で　前の方へと　勇んで進む　狸の舟は　泥舟で　とろりとろりと　見る見

る　とける
2　すると兎は　突っ立ち上り　持った櫂《かい》をば　打ち振り上げて　「思ひ知ったか　狸どの」
3　そこで狸は　櫂をばすて丶　をろをろ声《こえ》に　両手を合せ　「命ばかりは　兎さま」

文福茶釜

『大正幼年唱歌　第十集』（小松耕輔他編・目黒書店）大正四年（一九一五）葛原しげる／小松耕輔
1　茶釜に　手が生え足が生え　ノコノコ　歩き出したので　小僧　驚き　声を上げ　寝ていた和尚を　起こしたら　茶釜の手足は　引っ込んだ
2　和尚は　お茶がのみたくて　茶釜をお火に　かけたらば　熱い　熱い　と声を立て　茶釜は飛んで　逃げかける　和尚は　手も出ぬ足も出ぬ

狸が登場する二つの昔話です。「かちかち山」は、どちらも話の後半部分を歌にしたものです。『幼稚園唱歌』は会話体になっている点、「かちかち」「ぼーぼー」「ざぶざぶ」という擬音語・擬態語が使われているところが特徴的で、幼稚園児を意識している様子がうかがえます。『大正幼年唱歌』の葛原しげるは「舌切り雀」「木舟泥舟」「文福茶釜」のいずれも、全体ではなく最も盛り上がる部分を唱歌にする傾向があります。

八岐の大蛇

★『尋常小學唱歌　第五学年』（文部省編・大日本図書）大正二年（一九一三）作者不詳
★『新訂尋常小学唱歌　第五学年用』（文部省編・大日本図書）昭和八年（一九三三）

1　めぐらす垣根、門《かど》八つ造り、その門毎に桟敷《さじき》しつらへ　桟敷一つに酒槽《さかぶね》一つ、その槽槽《ふねふね》に　酒をぞ満てたる。

2　八岐の大蛇近づき来り　その門毎に頭《かしら》さし入れ　頭一つに酒槽一つ、酒飲み飲みて酔ひてぞ臥したる。

3　尊は立ちて、今こそ時と　その御佩《みはかし》の剣《つるぎ》引抜き　一つ一つに、尾頭八つを　切捨てませば、流るる血の川。

4　年毎、人を、来て取食ひし　その醜大蛇《しこおろち》ここに滅びて、尾より出でたる　御剣《みつるぎ》一つ、我がすめろぎの宝とたふとし。

「桃太郎」「花咲爺」で国定教科書に入る唱歌では、話全体よりも特徴的な場面を抜き出す傾向がありましたが、「八岐の大蛇」でも共通しています。また、「尊は立ちて」の「尊」は素戔嗚尊《すさのおのみこと》のことです。やや唐突な感じもしますが、それはすでにこの話を知っていることを前提にしているためでしょう。

大黒さま（『兎と鰐』）

『尋常小学唱歌　第二学年　中』（納所弁次郎・田村虎蔵編・国定教科書共同販売所）明治三八年（一九〇五）

石原和三郎／田村虎蔵

一、大きなふくろを　かたにかけ　大黒さまが　来かかると　ここにいなばの　白うさぎ　皮をむかれて　あかはだか

二、大黒さまは　あわれがり　「きれいな水に　身を洗い　がまのほわたに　くるまれ」と　よくよくおしえて　やりました

三、大黒さまの　いうとおり　きれいな水に　身を洗い　がまのほわたに　くるまれば　うさぎは　もとの　白うさぎ
四、大黒さまは　たれだろう　おおくにぬしの　みこととて　国をひらきて　世の人を　たすけなされた　神さまよ

現在の国語教科書でも採録されている「因幡の白兎」ですが、歌はあまり伝わっていない印象があります。『尋常小学唱歌』が全体を採っているのは石原和三郎の定番です。原典にあたれなかったのですが、HP「おいらの唱歌」に掲載の歌詞では、『新尋常小学唱歌』が最初から最後まで白うさぎのせりふの体裁を採っているのが特徴的です。同じく『小学新唱歌』では「だいこくさまの　にいさま」と「だいこくさま」を対照的に並べています。

浦島太郎

『幼年唱歌　初編中巻』（納所弁次郎・田村虎蔵編・十字屋）明治三三年（一九〇〇）　石原和三郎／田村虎蔵

1　むかしむかし　浦島は　子どもの嬲《なぶ》る　亀を見て　哀れと思ひ　買取りて　深き淵へと　放ちける
2　ある日大きな　亀が出て　「もうしもうし　浦島さん　竜宮といふ　よいところ　そこへ案内いたしませう」
3　浦島太郎は　亀に乗り　波の上やら　海の底　たい　しび　ひらめ　鰹　さば　群がる中をかけて行く

4　見れば驚く　唐門や　珊瑚の柱　鯱《しゃち》の屋根　真珠や瑠璃で　飾り立て　夜も輝く　奥御殿

5　乙姫さまの　おきにいり　浦島太郎は　三年を　竜宮城で　暮らすうち　我屋恋しく　なりにけり

6　帰りて見れば　家もなし　これは不思議と　玉手箱　開けば白き　煙が立ち　白髪の爺と　なりにけり

『尋常小学唱歌　第一学年中巻』（納所弁次郎・田村虎蔵編・国定教科書共同販売所）明治三八年（一九〇五）

巌谷小波／納所弁次郎

『検定小学唱歌　第一集』（納所弁次郎編・京文社）昭和四年（一九二九）

1　亀を助けた　浦島は　亀の背中に　乗せられて　はるばる海を　うちわたり　竜宮城の　お客様

2　鯛・鯖・比目魚　鮹・鮪　皆その前に　ゐならんで　浦島様や　太郎様と　あがめもてなす　面白さ

3　されど月日の　たつうちに　生まれ故郷の　恋しくて　帰るといへば　乙姫の　形見に贈る　玉手箱

4　蓋を開けるな　あけまいと　固い約束　残しつゝ　帰りも同じ　亀の背に　乗ればたちまち　我が故郷

5　故郷嬉しと　見る程に　右も左も　皆他人　心細さに　約束を　忘れてあける　玉手箱

6　あけて口惜しや　玉手箱　中から白い　煙立ち　今まで若い　浦島は　すぐに白髪の　おぢいさん

★『尋常小学唱歌　第二学年』（文部省編・大日本図書）明治四四年（一九一一）　作詞者不詳／三宅延齢

1　昔昔、浦島は　助けた亀に連れられて、竜宮城へ来て見れば、絵にもかけない美しさ。
2　乙姫様の御馳走に、鯛や比目魚《ひらめ》の舞踊、ただ珍しくおもしろく、月日のたつも夢の中《うち》。
3　遊びにあきて気がついて、お暇乞もそこそこに、帰る途中の楽しみは、土産に貰つた玉手箱。
4　帰つて見ればこは如何《いか》に、元居た家も村も無く、路《みち》に行きあふ人人は、顔も知らない者ばかり。
5　心細さに蓋とれば、あけて悔しき玉手箱、中からぱつと白煙《しろけむり》、たちまち太郎はお爺さん。

★『新訂尋常小学唱歌　第二学年用』（文部省編・大日本図書）昭和七年（一九三二）

『大正幼年唱歌　第六集』（小松耕輔他編・目黒書店）大正四年（一九一五）　葛原しげる／梁田貞

1　もうし　もうし　浦島さん　私を　お助けくださった　御恩返しに　竜宮へ　これから　お連れ申しませう　私の背中に　お乗せして
2　あら　まあ　浦島さん　けふは遥々《はるばる》　竜宮へ　ようこそ　お出でになりました　海の　御馳走いたしませう　乙姫様も　およろこび
3　おーや　おーや　驚いた　あけてはならぬと　あれ程に　いひつけられた　玉手箱　開いたばかりに　情けなや　見る見る　白髪のお爺様

国定教科書と検定教科書との影響力の違いを感じさせるのが、この「浦島太郎」の唱歌です。『幼年唱歌』、『尋常小学唱歌』（一九〇五）、『尋常小学唱歌』（一九一一）のいずれも、構成は助けた亀に乗り、竜宮城で楽しい時を過ごしてから故郷が恋しくなり、乙姫から玉手箱をもらって帰るも、最後には開けておじいさんになってしまうという物語全体を採っています。なお『御伽草子』など古来からの設定では、助けた亀が女になって現れて浦島太郎を連れて行くというものが一般的でした。この助けた亀に乗るという設定については、巌谷小波の「日本昔噺」の影響が指摘されています。年代としては巌谷小波の歌詞に先立つ『幼年唱歌』の石原和三郎の歌詞も、この設定の影響を受けたと考えられます。

一寸法師

『尋常小学唱歌　第一学年　中巻』（納所弁次郎・田村虎蔵編・国定教科書共同販売所）明治三八年（一九〇五）

巌谷小波／田村虎蔵

1　指にたりない　一寸法師　小さいからだに　大きなのぞみ　おわんの舟に　はしのかい　京へはるばる　のぼりゆく

2　京は三条の　大臣どのに　かかえられたる　一寸法師　法師　法師と　お気に入り　姫のおもで　清水へ

3　さても帰りの　清水坂に　鬼が一匹　あらわれいでて　くってかかれば　その口へ　法師たちまち　おどりこむ

4　針の太刀をば　さかてに持って　ちくりちくりと　腹中つけば　鬼は法師を　はき出して　一生懸命　にげて行く

5　鬼が忘れた　打出のこづち　打てばふしぎや　一寸法師　一打ちごとに　背がのびて　今はりっぱな　大男

江戸時代の話では、主人である宰相殿の姫君を妻にしようとして偽りを言い、姫君と二人で島流しになるのですが、巌谷「日本昔噺」では清水寺の設定が現れます。巌谷本人の作であり、この歌詞もそれに基づいたものになっています。

金太郎

『幼年唱歌　初編上巻』（納所弁次郎・田村虎蔵編・十字屋）明治三三年（一九〇〇）　石原和三郎／田村虎
蔵

1　マサカリカツイデ、キンタロウ　クマニマタガリ、オウマノケイコ　ハイ、シイ、ドウドウ、
ハイ、ドウドウ　ハイ、シイ、ドウドウ、ハイ、ドウドウ

2　アシガラヤマノ、ヤマオクデ　ケダモノアツメテ、スモウノケイコ　ハッケヨイヨイ、ノコッ
タ　ハッケヨイヨイ、ノコッタ

『検定小学唱歌　第一集』（納所弁次郎編・京文社）昭和四年（一九二九）　巌谷小波／楠美恩三郎

1　箱根の山の　山つづき　富士の裾野に　遠からぬ　足柄山の　山奥に　生れて育つ　金太郎

2　力は強く　気は猛《たけ》く　ひごとひごとの　遊びには　猿や兎と　軍《いくさ》ごと　熊を相手の　相撲とり

3　松の大木　へし折って　谷にかけたる　丸木橋　岸の大石　拾い上げ　渡るよ　手玉に取りな
がら

4　早瀬を登る　大鯉は　躍りかかって　手取にし　青空かける　荒鷲は　あらきの弓に　いて落
す

5　かの頼光の　四天王　中に坂田の　金時と　人に知られた　豪傑は　これ足柄の　金太郎

6　今も鉞《まさかり》　振上《ふりあげ》て　熊をふまえた　勢《いきほひ》は　いづこの家にも　もてはやす　五月人形の　金太郎

『幼年唱歌』から現代までよく知られているのは、いままで挙げた中では珍しいケースです。また、

石原和三郎にしては簡略な歌詞である点も特徴的です。一方、『検定小学唱歌』は足柄山での出生、橋を架ける話、源頼光との関係が述べられます。巌谷小波が五月人形との関係を強調するのは興味深いものです。

牛若丸

『幼年唱歌　二編下巻』（納所弁次郎・田村虎蔵編・十字屋）明治三四年（一九〇一）石原和三郎／田村虎蔵

1　父は尾張の　露と消え　母は平家に　捕らえられ　兄は伊豆に　流されて　おのれひとりは　鞍馬山

2　敵《かたき》の平家を　滅ぼして　わが家源氏を　起こさんと　昼は学問　剣術は　人目を忍ぶ　夜のわざ

3　七つ道具を　投げ出して　弁慶あやまる　五条橋　金売吉次が　お伴して　落ち行く道は　奥州路

4　鏡の宿《しゅく》の　元服に　その名は義経　源九郎　途中の難儀　切り抜けて　秀衡館《ひでひらやかた》に　着きにけり

5　ほどなく源氏の　花咲くや　兄頼朝の　命をうけ　旭将軍　義仲を　ただ一うちに　滅ぼして

6　鵯越《ひよどりご》えの　坂落し　八島の海の　弓流し　壇の浦では　八艘《そう》とび　永くほまれを　残しけり

★『尋常小学唱歌　第一学年』（文部省編・大日本図書）明治四四年（一九一一）　作者不詳

★『新訂尋常小学唱歌　第一学年用』（文部省編・大日本図書）昭和七年（一九三二）

一、京の五条の橋の上　大のをとこの弁慶は　長い長刀《なぎなた》ふりあげて　牛若めがけて切りかかる
二、牛若丸は飛びのいて　持つた扇を投げつけて　来い来い来いと欄干の　上へあがつて手を叩く
三、前やうしろや右左　ここと思へば又あちら　燕のやうな早業に　鬼の弁慶あやまつた
牛若丸こと源義経の話ですが、双方の歌詞に出てくるのは五条の橋での弁慶との対決です。この五条の橋という設定は巌谷「日本昔噺」によるものとされ、室町時代の『義経記』では清水寺（清水観音）での話とされています。

以上、一四の昔話を題材とする唱歌を見てきましたが、ひとつの昔話にひとつの歌があったわけではなく、短い期間で数多くの種類の歌が作られてきたことがわかります。昔話が口承として様々なバリエーションがあった中で、絵本を通じて徐々に定型化しているのと同様に、教科書を通じて歌の多様性も失われていることを痛感させられます。

これまで述べてきたように、巌谷小波「日本昔噺」叢書の全二四編のうち、一四編が唱歌になっています。唱歌にならなかったのは、「玉の井」「俵藤太」「瘤取り」「物臭太郎」「羅生門」「猿と海月」「安達ケ原」「雲雀山」「猫の草紙」「鼠の嫁入」です。これらにはいくつか共通するものがありそうです。「俵藤太」「羅生門」は、俵藤太秀郷と源頼光の武勇伝として「大江山」「八岐の大蛇」と重なり、「金太郎」「牛若丸」という人物伝である点でも重複します。「雲雀山」「安達ケ原」は物語や設定に人殺しがあり、ややおどろおどろしい展開を含みます。「鼠の嫁入」「猿と海月」「物臭太郎」「瘤取り」に共通するのは、原型を『今昔物語集』『宇治拾遺物語』『沙石集』などの説話に持つ点です。『古事記』や『御伽草子』などが唱歌になったのと対照的です。また唱歌になった一四編のうち『今昔物語集』などに原

型を持つものはありません。やや意外なのは「玉の井」です。これは『古事記』『日本書紀』を原型とする海幸彦・山幸彦の話で、国定教科書「国語」で教材化もされてもいます。唱歌になりやすそうな要素を多く含みますが、そのようにはなりませんでした。

四　現代の「昔話を題材にした唱歌」

現代の小学校「音楽」の授業で、前述の一四編の昔話はどの程度扱われているのでしょうか。現在、音楽の教科書を出版しているのは教育芸術社、教育出版、東京書籍の三社ですが、残念ながら昔話をもとにする唱歌は掲載されていません。

時代的な変遷で言えば、昭和三〇年代は「ももたろう」「うらしまたろう」「はなさかじいさん」だけでなく、国定教科書に入らなかった「いっすんぼうし」「だいこくさま」「したきりすずめ」「きんたろう」などまで掲載されたものが多くありました。それが昭和四二年（一九六七）年の改訂でおよそ半減し、昭和五一年（一九七六）年の改訂で全て無くなりました。昭和五一年までに小学一、二年生だった世代は、学校でこのような歌を歌ってきたのですが、昭和四五年生まれ以降は学校の教科書で教わらない世代なのです。

幼稚園や保育園で聴く機会はあるかも知れませんが、近年の学校教科書ではむしろ映画やテレビで使われた歌、たとえば映画『となりのトトロ』の「さんぽ」（中川李枝子／久石譲）やテレビ『忍たま乱太郎』の「ゆう気100パーセント」（松井五郎／馬飼野康二）などが掲載される時代です。小一の息子が持っている『さあ歌おう』（正進社）という歌の副読本にも、先にあげた唱歌は載っていませんでした。そのような時代にあって、昔話を題材とした唱歌の位置づけは注意深く見守る必要がありそうです。

【参考文献（本文記載のものを除く）】
・石井正己『図説　日本の昔話』河出書房新社、二〇〇三年。
・井上武士『日本唱歌全集』音楽之友社、一九七二年。
・金田一春彦・安西愛子編『日本の唱歌（上）　明治篇』講談社文庫、一九七七年。
・金田一春彦・安西愛子編『日本の唱歌（中）　大正・昭和篇』講談社文庫、一九七九年。
・田村虎蔵・福井直秋・小松耕輔編『童謡唱歌名曲全集』名著出版、一九八九年。
・安井寛・赤井励・関庚燦編『原典による近代唱歌集成：誕生・変遷・伝播　原典印影3』ビクターエンタテインメント、二〇〇〇年。
・海後宗臣編『日本教科書大系　近代編　唱歌』講談社、一九六五年。
・『小学生のおんがく1』『小学生の音楽2』教育芸術社　二〇一一年。
・『小学音楽　おんがくのおくりもの1』『小学音楽　音楽のおくりもの2』教育出版　二〇一一年。
・『あたらしいおんがく1年』『新しい音楽2年』東京書籍、二〇一一年。
・国立国会図書館　近代デジタルライブラリー http://kindai.ndl.go.jp/
・神奈川県立総合教育センター　小学校音楽教科書題材データベース
・おけらの唱歌 http://bunbun.boo.jp/okera/w_shouka/shoka_index.htm
・国立音楽大学附属図書館童謡・唱歌索引 http://www.lib.kunitachi.ac.jp/collection/shouka/shouka.htm

講演者・執筆者紹介

畑﨑節子（はたさき・せつこ）

一九四〇年、兵庫県神崎郡福崎町に生まれる。戦後の暮らしの中で、祖母から歌や物語を聞いて育った。現在、福崎町図書館応援隊民話かたりベグループに参加し、イベントや発表会で、また町内の学校を訪問して、各地の民話を語っている。子どもたちは家で民話を聞いた経験がなくても、ゆったりとした播州弁の語りを聞いて懐かしく感じている。

金基英（キム・キヨン）

一九六二年、韓国仁川《インチョン》に生まれる。国際結婚をして八九年に来日、一女一男の母親である。野村敬子編『キムさんの韓国民話』で紹介され、国際化時代の新しい語り手として注目される。野村敬子・金基英「「多国籍社会」の昔話」（『口承文芸研究』第三〇号）に詳しい紹介があり、石井正己編『韓国と日本をむすぶ昔話』に語りが載っている。

西舘好子（にしだて・よしこ）

一九四〇年、東京市浅草のかもじ職人の次女として生まれる。大妻高等学校卒業後、電通勤務。八三年、劇団こまつ座を結成、座長兼プロデューサーとして運営。その後、株式会社リブ・フレッシュを設立。八九年に劇団みなと座を立ち上げる。主著に『修羅の棲む家』『うたってよ子守唄』『表裏井上ひさし協奏曲』など。現在はNPO法人日本子守唄協会理事長、社団法人日本民族音楽協会副理事長などを務める。

野村敬子（のむら・けいこ）

一九三八年、山形県真室川町に生まれる。國學院大學栃木短期大學講師・民話研究者。『語りの廻廊』の単書をはじめ、『五分次郎』『雀の仇討』『ミナエ婆の村むがす』『真室川町昔話集　I～VI』の共著、『明淑さんのむかしむかし』『フィリピン民話　山形のおかあさん・須藤オリーブさんの語り』『渋谷ふるさと語り』『「採訪」という旅』の編著など。女性の視点で口承文芸を研究し、民俗社会の民話だけでなく、大都市の人々の口承にも注目している。

小山内富子（おさない・とみこ）

一九二九年、佐賀県に生まれる。児童文学作家（筆名・小山内繭）、随筆家。日本文芸家協会所属。四七年進学上京。在学中より児童文学を志し、浜田廣介に師事。一九五〇～八八年、東京大学図書館司書。著書に『混血児ジロー』『薔薇のツェッペリン』『白夜のラブランドへ』『小山内薫　近代演劇を拓く』『ちょっとコーヒーのみに行ってます』『ちょっとコーヒーのみにきて』『おとなの花物語』など。岸本英夫賞受賞。図書館流通センター選書協力委員。

小池ゆみ子（こいけ・ゆみこ）

昔話研究土曜会所属。女性民俗学研究会会員。日本民話の会会員。化学の教員の後、昔話に興味を持ち話型研究を始める。論文に「『手無し娘』の話型研究」「『鬼の子小綱』再分類の試み」「『食わず女房』のオノマトペ」。山梨県、福島県、沖縄県、府中市のフィールドワークに参加。一九九二年から遠野市を訪れ、語りを聞くようになる。現在は菊池榮子さんの昔話集を研究仲間と編集している。『東久留米の口づたえ』。共編著『正部家ミヤ昔話集』。

佐藤晃（さとう・あきら）

一九五九年生まれ。東北大学短期大学部教授。民話研究センターにおいて、ガリ版刷り民話資料（武田正編）の活字化再刊事業を二〇〇六年から行っている。なお同資料は「東北文教大学短期大学部民話研究センター民話アーカイブ」としてウェブ上に公開されている。www.t-bunkyo.jp/toshokan/minwa/index.html。論文に「山形民話のオノマトペ」（『遠い方言、近い方言—山形から世界まで』山形大学出版会）がある。

久保華誉（くぼ・かよ）

一九七五年、静岡県生まれ。日本民話の会外国民話研究会会員。声楽家の祖母の影響で〝声〟好きに。歌はもちろんのこと、語りに興味を持つ。日本と遠く離れた海外の昔話にも共通点があるというロマンに魅かれ、比較研究をテーマにする。子育て中の現在は、伝承の語りのみならず図書館などの昔話の語りや絵本の読み聞かせで、話がどのように受容されてゆくのかにも関心を寄せる。単著に博士論文をまとめた『日本における外国昔話の受容と変容—和製グリムの世界』（三弥井書店、二〇〇九年）がある。「人生の門出—七歳までは神の子」野村敬子、粂智子編（アーツアンドクラフツ、二〇一一年）、「日本の猿蟹話群について」（日本民話の会外国民話研究会編「聴く語る創る二〇号」二〇一二年四月）

尾原昭夫（おばら・あきお）

一九三二年島根県出雲市斐川町に生まれる。島根大学教育学部特設音楽科卒業（音楽理論・作曲専攻）。東京都公立小学校・都立養護学校・盲学校勤務のかたわら、全国的にわらべうた・民謡・郷土芸能の採集・研究、ならびに『日本わらべ歌全集』の編集に当たる。日本民俗音楽学会理事、郷土文化協会代表。著書に『日本のわらべうた＝室内遊戯歌・戸外遊戯歌・歳事季節歌各編』『日本子守唄選集　上・中・下』などがある。

酒井正子（さかい・まさこ）
一九四七年生まれ。川村学園女子大学文学部教授。博士（民俗学）。一九八三年より奄美、九〇年代より沖縄の歌文化のフィールドワークを続け、あそび、うわさ、死をめぐる歌謡の発生的な局面と、現代における創造的な伝承活動に関心を持っている。著書に『奄美歌掛けのディアローグ』（第一書房）、『奄美沖縄　哭きうたの民族誌』（小学館）などがある。

柳蓮淑（ユ・ヨンスク）
一九六二年韓国金堤郡に生まれる。法政大学等の講師。博士（学術）、Ethnic and Gender Studies。著書に『韓国人女性の国際移動とジェンダー』、共著に『すぐ使えるナースのための韓国語会話１０００』『多文化を生きる』『現代における人の国際移動』がある。韓国語の共著として『移住とトランスナショナリズム』『諸外国のコリアタウンと在外韓人』など。在外韓人学会優秀論文賞を受賞。グローバリゼーションにおける女性の国際移動や主体性について、ジェンダーの視点から注目している。

有澤知乃（ありさわ・しの）
一九七三年東京都に生まれる。東京外国語大学中国語学科を卒業後、ロンドン大学東洋アフリカ研究学院（ＳＯＡＳ）にて民族音楽学修士号及び博士号取得。研究領域は、箏・三味線等の日本音楽や中華街の芸能など。二〇一〇年より東京学芸大学留学生センター講師。比較文化論的アプローチによる日本研究講座を担当している。

中丸禎子（なかまる・ていこ）
一九七八年広島県に生まれる。東京理科大学講師。博士（文学）。専門は、北欧文学・ドイツ文学。スウェーデン文学を中心に、北欧の近代文学を研究。ナショナリズムや民族主義における文学の役割を批判的に考察し、その関連事項としてのジェンダー論、身体論へと研究対象を広げている。論文に「太陽の国、エデンの東―セルマ・ラーゲルレーヴ『ポルトガリエンの皇帝』における三つの層」（『文学』第一二巻第一号、岩波書店）がある。

日高水穂（ひだか・みずほ）
一九六八年山口県に生まれる。関西大学文学部教授。博士（文学）。専門は社会言語学・方言学。方言研究の一環として、方言で語られた昔話の資料収集・分析を行っている。秋田県教育委員会「昔話・伝説・言い伝えなどによる地域活性化事業」（二〇一〇〜一二年度）に実行委員として参画。著書に『授与動詞の対照方言学的研究』（ひつじ書房）、『秋田県民は本当に〈ええふりこぎ〉か？』（無明舎出版）などがある。

多比羅　拓（たひら・たく）
一九七五年生まれ。八王子学園八王子高等学校教諭。日本文学を専攻し、『遠野物語辞典』の編集に携わる。「鷺流狂言伝書保教本の注記に関する考察」などの論文がある。『遠野物語』、狂言の台本、落語の速記本など口承と書承に関心を持ちながら、文芸部を指導している。

編者紹介

石井正己（いしい・まさみ）

1958年、東京生まれ。東京学芸大学教授。日本文学・口承文芸学専攻。単著に『絵と語りから物語を読む』（大修館書店）、『図説・遠野物語の世界』『図説・日本の昔話』『図説・源氏物語』『図説・百人一首』『図説・古事記』『いま、柳田国男を読む』（以上、河出書房新社）、『遠野物語の誕生』（筑摩書房）、『桃太郎はニートだった！』（講談社）、『『遠野物語』を読み解く』（平凡社）、『遠野の民話と語り部』『柳田国男と遠野物語』『物語の世界へ』『民俗学と現代』『『遠野物語』へのご招待』『柳田国男の見た菅江真澄』『昔話と観光』、（以上、三弥井書店）、『柳田国男を語る』（岩田書院）、編著に『子どもに昔話を！』『昔話を語る女性たち』『昔話と絵本』『昔話を愛する人々へ』『昔話にまなぶ環境』『児童文学と昔話』『震災と語り』（以上、三弥井書店）、『遠野奇談』（河出書房新社）、『新・国語の便覧』『国語の窓』（以上、正進社）、共編著に『柳田国男全集』（筑摩書房）、『全訳古語辞典』『全訳学習古語辞典』（以上、旺文社）、『近代日本への挑戦』『東北日本の古層へ』『津浪と村』（以上、三弥井書店）、監修に『マンガなるほど語源物語』（国立印刷局）、『遠野物語辞典』（岩田書院）など。

子守唄と民話

平成25年3月15日　初版発行

定価はカバーに表示してあります。

発行者　吉田栄治

発行所　株式会社 三弥井書店

〒108-0073 東京都港区三田3-2-39

電話 03-3452-8069

振替 0019-8-21125

ISBN978-4-8382-3245-1 C0037　製版・印刷エーヴィスシステムズ